Patricia Küll

**Ab heute singe ich unter der Dusche**

**Kostenlos mobil weiterlesen! So einfach geht's:**

 1. Kostenlose App installieren

 2. Zuletzt gelesene Buchseite scannen

 3. 25% des Buchs ab gescannter Seite mobil weiterlesen

 4. Bequem zurück zum Buch durch Druck-Seitenzahlen in der App

**Hier geht's zur kostenlosen App:**
**www.papego.de/app**

Erhältlich für Apple iOS und Android.
Papego ist ein Angebot der Briends
GmbH, Hamburg. www.papego.de

PATRICIA KÜLL

# Ab heute singe ich unter der Dusche

Was du für deine Lebensfreude
tun kannst

Externe Links wurden bis zum Zeitpunkt der Drucklegung des Buches geprüft.
Auf etwaige Änderungen zu einem späteren Zeitpunkt hat der Verlag keinen
Einfluss. Eine Haftung des Verlags ist daher ausgeschlossen.

Bibliografische Information der Deutschen Nationalbibliothek

Die Deutsche Nationalbibliothek verzeichnet diese Publikation
in der Deutschen Nationalbibliografie; detaillierte bibliografische
Daten sind im Internet über http://dnb.d-nb.de abrufbar.

ISBN 978-3-86936-802-3

© 2017 GABAL Verlag GmbH, Offenbach

Lektorat: Anja Hilgarth, Herzogenaurach
Umschlaggestaltung: Martin Zech Design, Bremen | www.martinzech.de
Titelbild: Madebyoliver/flaticon
Autorenfoto: Patricia Küll
Satz und Layout: Das Herstellungsbüro, Hamburg |
www.buch-herstellungsbuero.de
Druck und Bindung: Salzland Druck, Staßfurt

Printed in Germany

www.gabal-verlag.de
www.facebook.com/Gabalbuecher
www.twitter.com/gabalbuecher

# Inhalt

# Vorwort: Lust auf Lebensfreude?

*»Wenn ich gerne in den Alltag gehe, wenn ich morgens aufwache und denke, es ist schön, heute wird ein toller Tag.«*
MALU DREYER

*»Wenn ich mich freue. Nicht auf morgen, sondern auf den Moment.«*
JULIA KLÖCKNER

*»Wenn ich morgens unter der Dusche singe.«*
MICHAEL ROSSIÉ

»Was ist Lebensfreude für Sie?« Diese Frage stellte ich Menschen, die in meinen Augen diese ganz spezielle Lebensfreude ausstrahlen. Ein paar Antworten haben Sie gerade gelesen. Antworten von Menschen, bei denen man die Lebensfreude durch alle Poren spürt. Menschen, die es schaffen, nur durch ihre Anwesenheit eine positive Atmosphäre zu schaffen. Menschen, die von innen strahlen – ohne große Worte zu machen. Lebensfreude ist oft das eher Unscheinbare. Nicht das laute Lachen, sondern das verschmitzte Grinsen. Nicht das breite »Es-läuft-alles-bestens«, sondern das beiläufige »Es-geht-mir-gut«. Nicht das »Alles-Haben«, sondern das »Ich-weiß-zu-schätzen-was-ich-habe«. Nicht der »Schein«, sondern das »Sein«. Doch so beiläufig die Lebensfreude auch erscheinen mag: Hat man sie einmal verloren, wird alles im Leben grau und bleiern.

Wenn Sie, verehrte Leserin, verehrter Leser, Lebensfreude (wieder) spüren wollen, dann kann Ihnen dieses Buch helfen. Mit Mut-mach-Geschichten, in denen Sie erfahren, wie andere das mit der Lebensfreude machen. Und mit konkreten, aber einfachen Übungen, die Ihnen zeigen, wie Sie sich Schritt für Schritt die Lebensfreude zurückholen.

Im Mai 2005 lief ich meinen ersten Marathon. Ein Jahr lange hatte ich darauf trainiert. Von der Ab-und-zu-mal-Läuferin wurde ich in nur zwölf Monaten zur Marathonläuferin. Um mein Ziel zu erreichen, musste ich zu Zeiten trainieren, in denen ich sonst niemals freiwillig aufstehen würde. Morgens um fünf Uhr dreißig. Mit der Sonne raus aus dem Bett. Total verrückt. Aber ich hatte mir fest vorgenommen, diesen Lauf mitzumachen und durchzuhalten. Zu meinem eigenen Ehrgeiz kam der »öffentliche Druck«. Mein Vorhaben wurde vom SWR Fernsehen begleitet. Alle paar Wochen kam ein Kamerateam zu mir, um über meinen Trainingsstand zu berichten, und auch bei der Liveübertragung des Gutenberg-Marathons in Mainz wurde immer wieder über meinen Lauf berichtet. Das Training für diesen Lauf zu absolvieren war aufwendig. Ich musste viel Zeit investieren, die ich viel lieber beim Lesen, im Garten oder mit meiner Familie verbracht hätte. Ich musste mich häufig selber treten, aber am Ende war ich so unglaublich stolz, es geschafft zu haben, dass es alle Strapazen wert war.

Mit diesem Marathon möchte ich das vergleichen, was Sie vorhaben, wenn Sie sich Lebensfreude und Leichtigkeit zurückholen wollen. Es ist wie ein Marathon im Kopf. Sie müssen alte, gut »eingelaufene« Gedankenschleifen verlassen. Sie müssen neue Wege finden und die erst zu Trampelpfaden und nach und nach zu Autobahnen verbreitern. Sie müssen Mut haben, auch mal »Unerhörtes« zu denken. Sie müssen im Kopf über Hürden springen. Sie müssen Veränderungen wirklich wollen. Und Sie müssen bereit sein, an sich selbst zu arbeiten.

Wenn Sie also Lust oder ausreichend Frust haben, um herausfinden zu wollen, was Sie alles in *Ihrem* Leben ändern können, dann probieren Sie die Übungen in diesem Buch aus. Ich habe sie alle selbst getestet und weiß daher, dass sie funktionieren. Aber denken Sie daran: Die mangelnde Lebensfreude und Unzufriedenheit kamen nicht von heute auf morgen. Sie schlichen sich nach und nach in Ihr Leben. Und so kann sich auch die Lebensfreude nur nach und nach einschleichen. Es wird dauern, bis Sie alte Gewohnheiten aus Ihrem Kopf verbannt und den neuen Raum geschaffen haben. Aber auch hier gilt es wie im Sport: Je häufiger Sie »trainieren«, desto schneller geht es. Je disciplinierter Sie sind, desto besser läuft es. Und verzweifeln Sie nicht, wenn Sie nicht gleich die ganz großen Sprünge machen können. Freuen Sie sich über jede noch so kleine Verbesserung. Wenn Sie es das erste Mal geschafft haben, für zehn Minuten die immer selben Gedankenschlaufen zu verlassen, dann haben Sie einen ersten kleinen Sieg errungen. Freuen Sie sich darüber, loben Sie sich dafür, feiern Sie es. Und dann geht es weiter. Als Nächstes schaffen Sie 15 Minuten. Sie müssen nur dranbleiben. Irgendwann denken Sie ständig kunterbunt und nicht mehr grau in grau.

Dieses altmodische Wort »Disziplin« ist übrigens ganz wichtig bei Ihrem Vorhaben. Was können Menschen diszipliniert sein, wenn es um den Beruf geht. Da wird kein Termin ausgelassen, für jeden Kollegen nimmt man sich Zeit, und dann nimmt man auch noch Arbeit mit ins Wochenende. Doch wie diszipliniert sind Sie mit sich selbst? Gehen Sie zum Laufen, wenn Sie es sich vorgenommen haben? Oder lassen Sie es häufiger ausfallen, weil etwas »Wichtigeres« dazwischengekommen ist? Haben die meisten Dinge mehr Priorität als Ihre persönlichen Pläne? Stellen Sie diese immer wieder ganz hinten an? Dann werden Sie diszipliniert, was Ihr Privatleben angeht.

Für dieses Buch habe ich erfolgreiche Menschen zum Thema »Lebensfreude« interviewt. Alles Menschen, die ich persönlich schätze, weil sie diese besondere Art von Lebensfreude ausstrahlen. Man merkt ihnen an, dass sie bei sich sind – egal, was sie beruflich gerade alles auf der To-do-Liste haben. Und so unterschiedlich sie auch sind, so ähneln sie sich doch in vielen Bereichen. Diese Menschen achten auf sich. Sie reflektieren sich selbst. Sie haben Kontakt zu ihren Gefühlen und vertrauen ihrem Bauchgefühl. Und sie sind diszipliniert bei den Sachen, die ihnen guttun: beim Sport, beim Schlaf, bei den Auszeiten.

Mit diesen Menschen habe ich mich noch über etwas anderes unterhalten: über das Thema »Lebenskrisen«. Denn Lebensfreude und Lebenskrisen sind zwei Seiten einer Medaille. Nur wer sich dessen bewusst ist, dass man die schönsten Höhen im Leben nur erreichen kann, wenn man dafür auch durch die tiefsten Täler geht und auch bereit ist, dies zu akzeptieren, kann wahre Lebensfreude empfinden. Wer nicht durch die Täler will, wird die Höhen nicht erreichen können. So ein Leben ist wie ein Teich, an dessen Oberfläche keinerlei Bewegung ist.

Man kann so durchs Leben gehen. Das muss jeder für sich selbst entscheiden. Aber ich würde jede Krise in Kauf nehmen, um an anderen Tagen die Lebensfreude in vollen Zügen genießen zu können. Und so werden Sie in diesem Buch auch beides finden. Erzählungen von Menschen, die zum Lachen und Weinen sind, und handfeste Tipps, wie Sie Lebensfreude selber produzieren können. Denn das ist ein bisschen ungerecht im Leben: Krisen kommen von allein, für die Lebensfreude müssen wir eine Menge tun. Und so geht es in diesem Buch auch um »Krisen« und wie Sie aus diesen wieder herauskommen. Denn das ist die eigentliche Kunst im Leben: aus den Tälern wieder rauszukrabbeln. Ohne zu verzweifeln. Und ohne die Lebensfreude dauerhaft zu verlieren.

Meine Gesprächspartner haben alle mit Schicksalsschlägen zu kämpfen gehabt. Ob eine Scheidung, die Diagnose einer schweren Krankheit oder der Tod des eigenen Kindes. Und auch ich selbst musste bereits durch einige tiefe Täler gehen. Von einigen werde ich in diesem Buch erzählen. Vielleicht hilft es Ihnen, zu erfahren, wie andere Menschen mit Krisen umgehen. Denn vor Enttäuschungen, Liebeskummer oder Verlusten können wir uns nicht schützen. Wir können nur dafür sorgen, dass wir nach dem Hinfallen wieder aufstehen. Und besser weitermachen, weil wir durchs Hinfallen etwas gelernt haben.

»Lebensfreude bedeutet, morgens unter der Dusche zu singen. Ich merke immer, ob der Tag gelingt, wenn ich morgens unter der Dusche singe. Da denke ich immer, das ist Spaß heute, ich freu mich, ich habe Lust auf den Tag.« Das sagt Michael Roussié, der einzige Mann, den ich für die Mut-mach-Geschichten interviewt habe. Warum gerade ihn? Weil er die personifizierte Lebensfreude ist. Weil er weiß, wie er sich die Lebensfreude holt. Aber auch, weil er weiß, wie sich Krisen anfühlen.

Lebensfreude zurückzuholen ist eine Entscheidung. Eine Entscheidung Ihres Kopfes. Sie können so weitermachen wie bisher in negativen Gedankenschleifen. Oder Sie ändern etwas. Denn ohne Lebensfreude leben wir unser Leben nur ab, aber erleben es nicht. Ohne Lebensfreude kann man keine Liebe spüren, keinen Sieg genießen, bei keinem Spaß aus vollem Herzen lachen. Erst die Lebensfreude macht alles lebendig. Ich weiß, dass es oft schwer ist im Leben, sich diese Lebensfreude zu erhalten oder sie sich zurückzuholen. Aber ich weiß, dass es möglich ist und dass es sich lohnt, dafür zu arbeiten. Und Arbeit ist es. Man muss unbequemen Wahrheiten ins Gesicht sehen und Entscheidungen treffen, für die man von anderen vielleicht nicht geliebt wird. Aber jeder hat nur dieses eine Leben, und jeder sollte möglichst viel dafür tun, sich selbst glücklich zu machen. Denn eins ist klar: Wenn man es nicht selbst tut, tut es keiner. Das wird nicht von heute auf morgen gehen. Aber es geht. Und der Weg lohnt sich auf jeden Fall. Sie müssen sich nur entscheiden und dann Schritt für Schritt gehen. Los … wagen Sie es! Schließlich sind wir doch auf der Welt, um glücklich zu sein. Oder etwa nicht?

Dieses Buch habe ich so konzipiert, dass Sie damit arbeiten können und sollen. Es liefert Ihnen Werkzeuge, wie Sie sich Ihre Lebensfreude selber »schreinern« können. Nehmen Sie es am besten immer mit. So können Sie im Bus oder im Wartezimmer über viele wichtige Fragen nachdenken und die Ergebnisse gleich aufschreiben. Wenn Sie nicht »arbeiten« wollen, dann lassen Sie sich von den Geschichten und Gedanken inspirieren. Nehmen Sie sich die Teile heraus, die Ihnen guttun. Jeder Weg zur Lebensfreude verläuft anders. Gestalten Sie Ihren Weg. Dieses Buch kann Ihnen dabei helfen.

Ich wünsche Ihnen ganz viel Erfolg und Freude auf Ihrem Weg.

Ihre
*Patricia Küll*

# »Ich muss die Vokabeln des glück-
lichen Lebens lernen.«

## Interview mit Professor Dr. Jörg Kühnapfel

Lebensfreude ist ein Gefühl. Es ist eher eine »Bauch-« als eine »Kopf-sache«. Dennoch kann man Lebensfreude auch ganz sachlich betrachten. Das beweist Prof. Dr. Jörg Kühnapfel. Er hat an der Universität Ludwigshafen eine Professur für General Management, insbesondere Vertriebscontrolling. Der Wirtschaftswissenschaftler hat eine Abhandlung mit dem Titel »Lässt sich Glück managen?« geschrieben. Die Antwort auf diese Frage wird Sie bestimmt ermutigen, sich auf Ihren ganz persönlichen Lebensfreude-Weg zu begeben.

**Patricia Küll:** Herr Professor Kühnapfel, wie kommt denn ein Wirtschaftswissenschafter dazu, sich mit Glück zu beschäftigen?

**Prof. Kühnapfel:** Glücksmanagement ist nichts Aktuelles in der Ökonomie. Schon der Urvater Adam Smith, der im 18. Jahrhundert die Grundlagen der modernen Ökonomie gelegt hat, hat sich mit den Themen Glück, Zufriedenheit und Wohlempfinden beschäftigt. Viele andere danach auch.

**Patricia Küll:** Und wie kamen Sie persönlich dazu?

**Prof. Kühnapfel:** Über das Thema »Messen«. Von Haus aus mache ich Marketing und Vertrieb. Mein Steckenpferd ist das Messen von Marketing- und Vertriebserfolg. Die lassen sich nicht mit einem Zollstock oder einem Wiegeapparat so exakt messen, wie wir es gerne hätten. Genauso ist es auch beim Thema Glück oder der Qualität einer Partnerschaftsbeziehung. Wie glücklich sind Sie denn heute? 4, 93, 12 Kilogramm Glück? Das können Sie nicht beziffern. Wenn wir aber etwas nicht messen können, dann sind wir auch nicht in der Lage, es zu managen.

**Patricia Küll:** Kann man es denn messen?

**Prof. Kühnapfel:** Nein, wahrscheinlich ist es nicht möglich, das persönliche Glücksempfinden an einem objektiven Maßstab festzumachen. Was wir machen können, ist: Wir finden ein Ersatzmesssystem. Dann messen wir nicht das Glück selbst, sondern messen die Umstände, die uns glücklich machen. Das geht ja.

**Patricia Küll:** Was sind das für Dinge, die uns glücklich machen?

> Disziplin ist die wichtigste Charaktereigenschaft, die man bei Menschen, die glücklich sind, feststellen kann

**Prof. Kühnapfel:** Das ist wohl erforscht. Auch der Wirtschaftsnobelpreisträger Angus Deaton hat einige Arbeiten zu dem Thema geschrieben. Also was macht mich persönlich glücklich? Das sind zum Beispiel die Qualität des Wohnraumes oder das Einkommen. Das macht glücklich. Die Beziehung zu meinem sozialen Umfeld. Habe ich Freunde, habe ich eine gute Beziehung zu meinen Nachbarn et cetera? Habe ich Zugang zu Bildung, habe ich Zugang zum Gesundheitswesen? All das sind Dinge, die mich glücklich machen. Diese kann ich individuell für mich, aber auch für eine Volkswirtschaft messen.

**Patricia Küll:** Gibt es Menschen, die von Natur aus glücklicher sind als andere?

**Prof. Kühnapfel:** Es gibt einige Voraussetzungen, die Menschen mitbringen, die glücklich sind. Nennen wir sie Tugenden. Diese sind gut erforscht, etwa durch die »positive Psychologie«, Seligman und Csíkszentmihályi, etablierte Wissenschaftler auf diesem Gebiet, die herausgearbeitet haben, was Menschen mitbringen müssen, damit sie glücklich sein können. Dazu zählen Extrovertiertheit, Resilienz, also die Fähigkeit, nach einem emotionalen Schock wieder in den Ausgangszustand zurückzukehren, Dankbarkeit, Demut und so weiter. Wir kommen zu einem Katalog von vielleicht fünfzehn Faktoren. Und die wichtigste Charaktereigenschaft von Menschen, die glücklich sind, ist … Was glauben Sie?

**Patricia Küll:** Sagen Sie es mir.

**Prof. Kühnapfel:** Disziplin! Ein sehr unbequemes Wort, wir wollen es gar nicht mehr in den Mund nehmen, es ist total unmodern, aber Disziplin ist die wichtigste Charaktereigenschaft, die wir bei Menschen, die glücklich sind, feststellen können.

**Patricia Küll:** Sie meinen Disziplin bei der Umsetzung dessen, was mich glücklich macht?

**Prof. Kühnapfel:** Ja, genau. Wenn Sie diszipliniert damit umgehen, was das Leben Ihnen geschenkt hat, dann werden Sie gut überlegen, inwieweit Sie Ihren Chef an sich heranlassen oder Ihren bösen Partner, die bösen Nachbarn oder wen auch immer. Sie werden bewusst schauen, wie Sie Ihren Tag verbringen. Sie werden auch Mühen, also Kosten, in Kauf nehmen, um langfristig Nutzen zu generieren, z. B. joggen oder Yoga machen. Das ist Disziplin! Nicht nur wünschen, sondern auch tun!

**Patricia Küll:** Es gibt Menschen, die haben alles, wovon Sie gesprochen haben, und sind trotzdem nicht zufrieden. Woran liegt das denn?

**Prof. Kühnapfel:** Viele Wissenschaftler vermuten, dass der unbewusste Umgang mit all diesen Segnungen des Alltags dazu führt, dass die Menschen ihr Glück gar nicht empfinden. Zum Beispiel erleben manche Menschen Gesundheit als etwas ganz Selbstverständliches. Erst dann, wenn wir eine chronische Krankheit bekommen, spüren wir den Wert von Gesundheit. Doch glückliche Menschen, das stellen wir immer wieder fest, sind in der Lage, den Wert von was auch immer schon festzustellen, bevor sie einen Mangel erleiden.

> Man muss
> die Vokabeln
> des glücklichen
> Lebens
> lernen

**Patricia Küll:** Das heißt also, bewusst leben macht glücklich? Bewusst erleben?

**Prof. Kühnapfel:** Darauf können wir es reduzieren, ja. Es gibt nichts Schlechtes, außer man ist sich nicht bewusst, was man alles zur Verfügung hat. Ganz wichtig ist hierbei, dass man natürlich auch mit einem Mangel glücklich sein kann. Letztlich sind wir alle limitiert. Wenn wir uns der Grenzen bewusst sind, können wir damit umgehen.

**Patricia Küll:** Inwieweit kann man es denn lernen, sich selbst glücklich zu machen, wenn man diese Gabe nicht von Natur aus mitgebracht hat?

**Prof. Kühnapfel:** Also ich würde jetzt natürlich gerne sagen, dass wir lernen können, uns aus dem eigenen Schopf aus dem Sumpf zu ziehen, wenn wir dieses oder jenes Buch lesen. Aber leider wird es wahrscheinlich so sein, und ich drücke mich jetzt deswegen so vorsichtig aus, weil die sozialwissenschaftliche Forschung dazu noch lange nicht am Ende ist, dass Glücklichwerden Arbeit ist. Der Weg von einem Menschen, der sich ständig bedroht fühlt, der von Schicksalsschlägen leicht umgeworfen wird, hin zu einem glücklichen, lebensbejahenden Menschen, der all das leichter verkraften kann, der ist lang und zäh. Das ist Arbeit. Ich vergleiche das mal mit einer Fremdsprache: Wie lernt man eine Fremdsprache? Indem man sich hinsetzt und sich Vokabel für Vokabel anschaut und Grammatikregel für Grammatikregel. Positiv und glücklich zu leben ist exakt das Gleiche. Ich muss die Vokabeln des glücklichen Lebens lernen, ich muss die grammatikalischen Regeln lernen et cetera.

**Patricia Küll:** Und wie geht man dabei am besten vor?

**Prof. Kühnapfel:** Die Ausgangsfrage ist, was macht Sie oder was macht mich glücklich? Wenn wir uns im Sessel zurücklehnen und darüber nachdenken, was uns wirklich glücklich macht, was ist es, das ich wirklich möchte, dann finden wir einen kurzen Katalog von Glückstreibern: Ich möchte gerne sportlich sein, ich möchte gerne, dass ich von meinem Umfeld geschätzt werde, ich möchte mich gerne weiterbilden, weil ich Bildung an sich schon für etwas Wertvolles halte, und ich möchte einen tollen Partner finden. Die zweite Frage ist: Was muss ich tun, um diese Glücksfaktoren zu realisieren? Beispiel: Ich möchte sportlich sein, damit ich lange glücklich leben kann und nicht so schnell krank werde. Blöderweise ist sportlich sein oder sportlich werden mit Arbeit verbunden. Ich muss also raus, joggen gehen oder Rad fahren oder schwimmen oder was auch immer. Wenn es draußen anfängt zu nieseln und ich mir dann sage: »Nö, da gehe ich lieber nicht joggen, das ist ja eh blöd«, habe ich schon einen Fehler gemacht. Ich muss mich also überwinden. Und dieses Überwinden, diese innere Hürde ist die Arbeit, die ich leisten muss. Ein Versprechen meinerseits: Wenn wir unsere Glücksfaktoren kennen und die ersten kleinen Schritte machen, dann ist der Rest super leicht. Der Anfang, wie bei einer jeden großen Reise, ist am wichtigsten. Ich muss den ersten Schritt machen, und dann rollt das Ganze.

Oder ein anderes Beispiel, das wir nur begrenzt selbst im Griff haben: Ich möchte einen tollen Partner haben. Die Frage ist: Was kann ich tun? Ich muss raus vor die Türe und versuchen, Menschen kennenzulernen. Sportverein, Disco, Wandergruppe. Das ist die Aktivität, mit der ich starten kann. Um zu meinem Versprechen von vorhin zurückzukommen: Dann passiert irgendetwas. Nicht, dass ich direkt in der ersten Woche den richtigen Partner kennenlerne, aber ich bringe etwas in Gang. Ich arbeite daran, einen Glücksfaktor zu realisieren. Das heißt, überhaupt etwas hierfür zu tun, wird mich schon befriedigen. Da passiert etwas mit mir. Ich weiß, ich arbeite an meinem Glück. Ein anderes Beispiel: Wünscht man sich eine Beförderung, kann man sich entweder einfach nur hinzusetzen und warten, aber man kann dafür auch etwas tun. Mal 'ne Überstunde machen. Versuchen, etwas besonders gut zu machen. Der Chef wird mich nicht gleich nächste Woche befördern, aber indem ich etwas tue und weiß, es geht in die richtige Richtung, werde ich glücklicher.

**Glücksmanagement ist der einzige Weg, um glücklich zu sein**

**Patricia Küll:** Ihr Buch heißt »Lässt sich Glück managen?«. Welche Antwort haben Sie darauf gefunden?

**Prof. Kühnapfel:** Die Antwort ist nicht nur: »Ja, es lässt sich managen«, sondern: »Glücksmanagement ist der einzige Weg, um glücklich zu sein.« Das klingt sehr ökonomisch, betriebswirtschaftlich, management-lastig, aber wir haben ja schon die halbe Miete herausgearbeitet. Erstens, ich muss eine Ist-Analyse machen. So nennen die Ökonomen das. Was gemeint ist: Ich muss mal betrachten, welche Ressourcen ich habe, welche Restriktionen, was für Ziele. Wie ein Manager. Dann muss ich herausarbeiten: Wohin möchte ich denn gehen? Welche Ziele habe ich, welche Visionen? Wenn es so ist, dass glücklich zu leben das Primärziel ist, dann stellt sich die Frage: Was macht mich überhaupt glücklich? Habe ich das herausgefunden, kommt der dritte Schritt: Ich muss schauen, welche Restriktionen ich habe. Ich bin jetzt 48 Jahre alt, ich kann bei der nächsten Olympiade keinen 100-Meter-Sprint mehr gewinnen. Dieses Ziel zu verfolgen würde mich nicht glücklich machen. Es würde mich frustrieren. Restriktion muss ich anerkennen. Damit meine ich übrigens auch charakterliche Restriktion. Wenn ich ein introvertierter Typ bin, na, dann werde ich halt einen kleineren Freundeskreis haben. Das muss ich erkennen. So, kleine Zusammenfassung bis hierher: Ich- und Ist-Analyse, Glücksfaktoren, Restriktion. Dann der vierte Schritt: Was muss ich tun, damit die Glücksfaktoren ins Leben kommen? Was entsteht, ist eine vermutlich lange Liste an sinnvollen, mehr oder weniger glücksstiftenden Tätigkeiten. Was folgt, ist, das ist jedem Manager bekannt, die Priorisierung. Denn jeder hat nur 24 Stunden am Tag oder ein bestimmtes Budget zur Verfügung; dann zerrt der Chef an einem und die Familie gleich mit. Also sind die Handlungsmöglichkeiten begrenzt und ich muss Prioritäten setzen. Wenn ich nun meine Prioritäten gesetzt habe, also weiß, welche Tätigkeit die wichtigste ist usw., dann weiß ich, wie ich meine Freizeit verbringe. Ich gehe joggen und nicht auf irgendeinem Fernsehsender irgendeine blöde Sendung gucken. Jetzt sind wir schon fast am Ende des Glücksmanagement-Prozesses. Es kommt aber noch ein sechster Schritt – auch der ist jedem Manager bekannt: die Erfolgskontrolle. Ich lehne mich alle drei Monate zurück und überlege, ob ich auf dem richtigen Weg bin. »Ah, ne, das mit dem Sport ist doch nicht so das Richtige für mich, ich will viel lieber noch eine Fremdsprache lernen.« Und dann kann ich meine Prioritäten verändern. Der Prozess wird zu einem Regelkreis. Das Büchlein habe ich übrigens für Ökonomen geschrieben, weil das deren Wording ist.

**Patricia Küll:** Was tun Sie denn persönlich, um glücklich und zufrieden zu sein?

**Prof. Kühnapfel:** Ich befolge natürlich meine eigenen Regeln. Ich habe für mich herausgefunden, was tatsächlich wichtig für mich ist, und versuche auch, meine Zeit zu priorisieren. Das heißt nicht, dass ich da sehr starr bin, es kann sich auch verändern. Aber diese Reflexion, diese Nabelschau, das Herausarbeiten der Glücksfaktoren, das Herausarbeiten der charakterlichen Grenzen, die Kosten der glücksstiftenden Aktivitäten, die ich tue, und das Kontrollieren der Ergebnisse, all das mache ich natürlich selbst. Ich bilde mir ein, dass für mich dieser Weg gut funktioniert, so rational er auch erscheint.

# Lebensfreuderegel 1:
# Nichts passiert ohne Grund

## Warum der schwärzeste Tag in meinem Leben so viele gute Seiten hat

»Nothing happens without a reason.« Diese Worte stehen groß an der Küchenwand eines kleinen Ferienhauses in Florida, in dem ich schon viele Stunden verbracht habe. Ich liebe dieses kleine, schlammgelbe Holzhaus aus dem Jahr 1923 mit Blick auf Palmen, Bambus und einen winzigen Pool. Und ich liebe diesen Satz, über den ich in vielen schönen Sommer-Sonnen-Ferienstunden schon so viel nachgedacht habe. Nichts passiert ohne Grund. Alles, was uns im Leben widerfährt, ist für irgendetwas gut. Oft erkennen wir den guten Anteil nicht sofort. Manchmal nie oder vielleicht erst in den letzten Minuten, bevor wir von dieser Erde abtreten. Aber wenn ich einen unerschütterlichen Glauben habe, dann der, dass alles für irgendetwas nützlich ist. Dieser Satz und der Glaube daran ist deshalb so schön und tröstlich, weil man in dunklen Momenten des Lebens immer auch ein Licht sieht. Weil man weiß, dass es bei allem Schwarzen auch eine helle Seite gibt. Dass die Sonne vielleicht nur ums nächste Eck wartet, obwohl man gerade voll im Schatten steht.

Eine Freundin von mir – sie feierte gerade ihren 50. Geburtstag – hat dieses Wochenende geheiratet. Zum zweiten Mal. Ihr Mann ist ein alter Schulfreund. Sie ist ihm nach vielen Jahrzehnten wieder nähergekommen, als sie mit einem Beinbruch im Bett lag und viel Zeit hatte, alte Kontakte aufzufrischen. In dem Moment, in dem sie sich das Bein brach, hat sie bestimmt nicht gedacht: »Juchhu, ich bin mal gespannt, was dieser Beinbruch Gutes mit sich bringt.« Aber tatsächlich hatte der Unfall eine überaus gute Seite, die viel bedeutender für den Rest ihres Lebens sein wird als der Beinbruch selbst. Wer weiß, ob sie mit ihrem alten Schulfreund überhaupt wieder in Kontakt getreten wäre, wenn sie nicht plötzlich einsam und verlassen mit Gipsbein und viel Zeit rumgelegen hätte.

Bestimmt gab es auch in Ihrem Leben schon Ereignisse, die sich im Nachhinein als richtig gut herausgestellt haben, auch wenn sie erst einmal richtig schlecht anfingen. Farhana Dhalla ist eine Autorin aus Zimbabwe. Sie schrieb das Buch »Thank you for leaving me«. Darin geht es um das Ende ihrer Ehe, wie furchtbar es ist, verlassen zu werden, und wie wunderbar, wenn man merkt, dass sich das Leben nach der Trennung in eine viel bessere Richtung entwickelt. Also sogar im Ende einer langjährigen Beziehung, die Farhana von sich aus nie beendet hätte, gibt es gute Seiten, und ich bin mir sicher, man kann in allem scheinbar Schlechten auch etwas Gutes finden.

Ich bin mir deswegen so sicher, weil ich es aus eigener Erfahrung weiß. Weil ich weiß, dass selbst die schlimmsten Tage im Leben etwas Gutes mit sich bringen. Weil ich so einen ganz miesen Tag schon mal erleben musste. Dabei fing alles viele Jahre zuvor so schön an.


## Jubeltag ohne Jubel

Es ist ein sonniger Jubeltag im August. Obwohl ich nur zwei Stunden geschlafen habe, bin ich hellwach, moderiere die Frühsendung im Radio aufgeweckt und ansteckend gut gelaunt. Als ich aus dem Radiostudio rauskomme, fragt mich mein Kollege: »Sag mal, bist du verliebt?« Ich weiß nicht mehr, was ich geantwortet habe, aber die Wahrheit habe ich bestimmt nicht gesagt. Zu neu ist alles. Zu frisch. Zu überwältigend. Ich bin einundzwanzig und schwebe auf Wolke sieben. In der Nacht zuvor habe ich zum ersten Mal den Mann meiner Träume geküsst. In seinem Auto vor dem Haus meiner Eltern. Bis nachts um zwei. Dann musste ich mich verabschieden. Meine Frühsendung begann nur drei Stunden später. Seit dieser Nacht ist der 10. August ein Jubel-Sonnen-Freutag, denn seitdem sind der Traumtyp und ich ein Paar.

Siebzehn Jahre später. Es ist wieder der 10. August, aber es stehen keine Blumen auf dem Frühstückstisch, und es gibt keine Karte, in der mir mein Mann seine Liebe versichert. Diesen 10. August feiern wir nicht. Denn wir stecken in einer tiefen Krise, wissen nicht, wie es in unserer Ehe weitergehen soll und ob es überhaupt weitergehen soll und kann. Unsere Tochter ist vier Jahre alt.

## Eine schlechte Nachricht kommt selten allein

An diesem Tag habe ich ein Treffen mit einem meiner Chefs. Ich moderiere verschiedene Sendungen und habe für jede Sendung einen Chef. Was dieser Chef an diesem Tag von mir will? Ich weiß es nicht. Habe keine Ahnung. Vorsichtig hatte ich im Vorfeld des Termins bei einem der anderen Chefs nachgefragt, ob der sich vorstellen könne, was mich denn erwarte. Die Antwort war: »Ich würde immer das Beste erwarten.« Also gehe ich mittags völlig unvorbereitet – in der Erwartung einer positiven Nachricht – zu dem Treffen. Was mir mein Chef dann sagt, ist wie ein Schlag in die Magengrube. »Du weißt ja, dass wir eine neue Moderatorin ins Team nehmen, und dafür muss einer aus dem alten Team gehen. Und das wirst du sein. Wir können es für Ende des Jahres festlegen, aber lieber wäre es mir, wenn wir mit dem nächsten Dienstplan wechseln. Das wäre in drei Wochen.«

Nach sieben Jahren Moderation eine Kündigungsfrist von drei Wochen. Und damit der Verlust von fünfzig Prozent meines Einkommens. Wir Moderatoren sind nicht fest angestellt, wir werden pro Sendung bezahlt. Sprachlos sitze ich meinem Chef gegenüber, der Mund total ausgetrocknet, im Magen ein riesiger Klumpen. Also Ehe in einer Sackgasse und Job weg. Kein guter Tag. Ich kann nicht mal nach Hause und heulen, weil ich abends eine Livesendung zu moderieren habe.

## Es kann immer noch schlimmer kommen

Ziemlich benommen gehe ich in mein Büro zurück. Denken kann ich immer noch nicht. Ich weiß nur, dass ich von den kommenden drei Wochen noch zwei im Dienstplan für die Moderation dieser Sendung eingeteilt bin und dann Schluss ist. Und dieser Gedanke kreist in meinem Kopf. Und kreist und kreist. Ich bin nicht in der Lage ihn abzustellen. An meinem Schreibtisch angekommen, sehe ich, dass sowohl auf meinem Festnetzapparat wie auch auf meinem Handy eine Nachricht hinterlassen wurde. Meine Schwester hat versucht, mich zu erreichen. Ihre Nachricht ist ähnlich kurz wie die meines Chefs, aber viel, viel schlimmer. Sie lautet: »Patricia, komm sofort nach Hause. Mami liegt im Sterben.«

Bei meiner Mutter war ein paar Monate zuvor Gallengangkrebs diagnostiziert worden. Wochenlang war sie von einem Arzt zum anderen gelaufen. Keiner konnte etwas feststellen. Am Ende hieß es, es seien die Nerven. Und auch meine Schwestern und ich wollten lange daran glauben. Legten ihr nahe, sich auszuruhen. Erst als sie nachts Blut spuckte und ohnmächtig im Badezimmer umfiel, entdeckte man im Krankenhaus die Ursache. Da war es aber schon viel zu spät. Der Krebs hatte bereits flächendeckend gestreut. Dennoch hatte ich bis zum letzten Tag die Hoffnung, dass sie wieder gesund wird. Sie war erst 67 Jahre alt.

Also Ehe in einer Sackgasse, Job weg und die Nachricht über den nahenden Verlust meiner Mutter. Alles an einem Tag.

## Nichts ist so schlecht, als dass nicht auch etwas Gutes dabei wäre

Mein Vater, der schon einige Jahre vor meiner Mutter gestorben war, hatte viele kluge Sprüche auf Lager. Einer seiner Lieblingssätze war: »Nichts ist so schlecht, als dass nicht noch was Gutes dabei wäre.« Mein Kraftsatz »Nichts passiert ohne Grund« hat seine Wurzeln in dem Satz meines Vaters. Doch was soll an diesem 10. August gewesen sein? Was soll man Positives aus einem Tag wie diesem ziehen können? Welchen – guten – Grund gab es für diesen 10. August in meinem Leben?

Antworten auf diese Fragen bekommt man oft erst in der Nachbetrachtung. Und auch ich wusste erst Wochen später, was das Gute daran war und warum das alles passieren musste.

Drei Wochen durfte meine Mutter noch leben, erst im Krankenhaus, dann gepflegt von meiner Schwester in deren Wohnung. Einige Tage davon durfte ich sie noch füttern, sie auf die Toilette bringen – sie konnte aufgrund der Metastasen schon länger nicht mehr laufen – und ihr zuhören. Dann starb sie an einem Freitagmittag, und ich durfte neben ihr sitzen.

Kurz nachdem sie die Augen für immer geschlossen hatte, rief ich meinen Mann an, der mit unserer Tochter kam, um mich abzuholen. Und in den Wochen darauf dämmerte es mir, warum es das Schicksal an diesem 10. August doch recht gut mit mir gemeint hatte.

## Danke für die Kündigung

Wäre mir an diesem Tag nicht diese Sendung gekündigt worden, hätte ich die letzten drei Wochen, die meine Mutter noch lebte, pflichtbewusst meine Arbeit getan und meine Sendungen moderiert. Ich wäre nur am Wochenende zu ihr gefahren. So aber hatte ich zehn Tage mit ihr im Krankenhaus. Sie erzählte mir viele Geschichten aus ihrer Kindheit. Diese Zeit kann mir keiner mehr nehmen.

Drei Monate nach dem Tod meiner Mutter wurde ich schwanger. Für meinen Mann und mich war es durch die Ereignisse völlig klar, dass wir zusammengehören. Ich war damals schon 38 Jahre und wurde sehr schnell schwanger. Ich bin bis heute fest davon überzeugt, dass meine Mutter uns unseren Sohn geschickt hat. Er kam vier Tage vor ihrem ersten Todestag auf die Welt. Sie können sich vielleicht vorstellen, wie viele Tränen ich an diesen Tagen geweint habe. Vor Freude und vor Kummer.

Ein paar Wochen nach dem Gespräch mit meinem Chef bekam ich von ihm einen langen handgeschriebenen Brief, wie leid es ihm täte, dass er ausgerechnet an diesem Tage mit dieser Kündigung gekommen war. Diesen Brief habe ich aufgehoben. Er hat mich im Nachhinein sehr mit der Situation versöhnt. Doch eigentlich bin ich ihm bis heute – ganz im Stillen – sehr dankbar für diese Kündigung zur genau richtigen Zeit.

Vielleicht ist es Ihnen auch schon mal so ergangen, dass Sie dachten, das Schicksal meint es gerade besonders übel mit Ihnen. Es muss ja nicht immer gleich ein »10. August« sein. Da reichen viel geringere Anlässe. Ein Beinbruch am ersten Tag des Skiurlaubs oder eine Steuernachzahlung, die sich gewaschen hat. Manchen Frauen soll schon ein missglückter Haarschnitt ausreichen (habe ich tatsächlich schon mal bei einer Freundin erleben müssen!), um sich voll und ganz vom Schicksal bestraft zu fühlen. Wenn es Ihnen dann gelingt, sich mit dem Glauben, dass es für irgendetwas gut sei, auch wenn Sie im Moment noch keine Ahnung haben, wofür, verankern können, wird Ihnen der »Schicksalsschlag« schon gleich weniger heftig vorkommen.

## Wer weiß, wofür es gut ist?

Folgende kleine Geschichte zeigt, wie viel Aufregung man sich im Leben erspart, wenn man nur fest an die Aussage »Nichts passiert ohne Grund« glaubt:

*Ein alter Mann bearbeitete mit seinem einzigen Sohn einen kleinen Hof. Sie hatten nicht mehr als ein Stückchen Land und ein Pferd, das den Pflug zog. Eines Tages lief das Pferd davon. Da kamen die Menschen aus dem Dorf und bedauerten den armen Mann: »Armer Alter, jetzt müsst Ihr die ganze schwere Arbeit ohne Pferd machen. Oh weh, oh weh.« Doch der alte Mann sagte nur: »Wer weiß, wer weiß, wofür es gut ist.«*

*Wenige Tage später kehrte das Pferd auf den Hof zurück und führte eine Herde wunderschöner Wildpferde mit sich. Und wieder kamen die Dorfbewohner und jubelten diesmal: »Was für ein Glück ihr habt. Ihr seid wirklich zu beneiden.« Und wieder sagte der alte Mann nur: »Wer weiß, wer weiß, wofür es gut ist.«*

*Am nächsten Tag wollte der Sohn eines der Wildpferde zureiten, fiel dabei aus dem Sattel und brach sich ein Bein. Schnell kamen die Leute aus dem Dorf angerannt, um zu lamentieren. Denn nun musste der arme Mann die schwere Feldarbeit ohne Unterstützung seines kräftigen Sohnes schaffen. Doch wieder sagte der Alte nur:* »*Wer weiß, wer weiß, wofür es gut ist.*«
*Kurze Zeit später brach mit dem Nachbarland ein Krieg aus. Soldaten kamen in das kleine Dorf und nahmen alle jungen Männer mit, die an der Front dienen mussten. Viele von ihnen starben und kehrten nie zurück. Nur den Sohn des Alten konnte man mit seinem gebrochenen Bein für den Krieg nicht gebrauchen.* »*Wer weiß, wer weiß schon, wofür es gut ist?*«

Beneidenswert, die Einstellung des Alten. Doch wie kommt man an den Punkt, dass man mit großer innerer Überzeugung gewisse Dinge annehmen kann mit dem »Wissen«, dass daraus auch etwas Gutes wachsen wird?

Menschen, die öfter »wer weiß, wer weiß, wofür es gut ist« denken, sind oft insgesamt positive »Denker«. Deren Gedankenautobahnen im Hirn sind nicht nur breite graue Streifen. Deren Hirnwindungen sind bepflanzt mit grünen Mittelstreifen und blühenden Randstreifen. Die Gründe, warum das bei den einen so ist und bei anderen nicht, sind ganz unterschiedlich. Da spielen vor allem unsere Vorbilder eine wichtige Rolle. Aber die gute Nachricht ist: Jeder kann positives Denken lernen. Das dauert eine Weile, bis die alte Autobahn gegen eine neue ersetzt ist, aber der Aufwand lohnt sich.

## Umparken im Kopf mit Affirmationen

Nehmen Sie auch immer den gleichen Weg zur Arbeit oder in den Supermarkt? Vermutlich schon. Denn der Weg ist Ihnen vertraut. Sie müssen nicht darüber nachdenken, wie Sie dort hinkommen. Sie finden den Weg praktisch von alleine. So ergeht es Ihren Gedanken auch. Das, was Sie jahre- oder sogar jahrzehntelang gedacht haben, hat sich als sehr breiter Weg in Ihr Gehirn gegraben. Es ist leicht, immer dasselbe zu denken. Wer groß geworden ist mit Selbstvorwürfen, wird sich bei jeder Gelegenheit selbst anklagen. Darüber denkt man gar nicht mehr nach. Man geht diesen Weg gedanklich sozusagen von alleine. Um nun neue Wege zu gehen, müssen Sie üben. Zunächst einmal müssen Sie einen neuen Weg finden. Manchmal müssen Sie dabei auch Umwege nehmen (seien Sie geduldig mit sich, wenn Sie nicht gleich den richtigen Weg finden. Umwege sind oft besser als ihr Ruf, denn »Umwege erhöhen die Ortskenntnis«). Und wenn Sie den richtigen Weg für sich gefunden haben, ist das erst mal nur ein Trampelpfad. Sie müssen diesen neuen Weg oft, sehr oft gehen/denken, um aus dem Trampelpfad einen Weg, eine Straße, eine Autobahn zu machen.

Der Nachteil ist also, dass es Zeit kostet, diesen Weg zu gehen. Der Vorteil: Der Weg hat kaum Steigungen, er lässt sich also leicht gehen.

Das Vehikel, das Sie auf dieser Straße voranbringt, nennt sich Affirmation. Das sind positive, selbstbejahende Sätze, die man sehr häufig wiederholt. Dies ist eine sehr einfache Methode, um sein Denken und damit sein Verhalten und Handeln zu ändern. So wie negative Glaubenssätze aus der Kindheit beeinflussen, so können auch die neuen, positiven Affirmationen ins Unterbewusstsein eindringen und dort wirken.

Negative Affirmationen, die oft Begleiter seit Kindheitstagen sind, können lauten:

- Ich bin so blöd.
- Ich kann nichts richtig.
- Ich bin nicht liebenswert.
- Ich bin hässlich.
- Typisch, dass mir das wieder passiert.
- Ich habe einfach kein Glück.
- Mich mag keiner.

Kommt Ihnen der eine oder andere Satz bekannt vor? Vermutlich wurden Sie von klein auf damit konfrontiert. Vielleicht haben sich aber auch erst im Laufe des Erwachsenenlebens Gedanken eingeschlichen, die Sie negativ beeinflussen.

So wie bei meiner Bekannten Marina. Sie selbst war immer ein kleiner Sonnenschein, optimistisch und strahlend. Ihr Mann das genaue Gegenteil. Vermutlich haben sie sich deshalb gefunden. Doch das sonnige

Gemüt von Marina färbte nicht auf ihren Mann ab. Im Gegenteil. Die fast schon misanthropische Art ihres Partners verdunkelte im Laufe von vielen Jahren das Strahlen von Marina. Da solche Prozesse schleichend vonstattengehen, fiel meiner Bekannten lange gar nichts auf. Bis die Tage, an denen sie morgens gar nicht mehr aufstehen wollte, weil sie nicht wusste, worauf sie sich freuen sollte, immer häufiger wurden. In den Gesprächen mit mir betonte sie immer wieder, dass es ihr und ihrer Familie eigentlich richtig gut ginge und sie gar nicht verstehen könne, warum sie ihr Leben nicht genießen könne. Letztendlich machten wir verschiedene Faktoren aus, die im Laufe von vielen Jahren zu ihrer negativen Grundstimmung geführt hatten. Allen voran war es der Glaube, dass es ihr eigentlich nicht so gut gehen durfte, weil viele ihrer Familienmitglieder – vor allem ihre (bereits verstorbenen) Eltern – ein entbehrungsreiches Leben geführt haben. Die Frage war, ob sich hier etwas mit Affirmationen verändern ließe.

Marina suchte für sich folgende Affirmationen, die ihr wieder mehr Leichtigkeit in den Alltag bringen sollten:

- Ich darf alles, was gut ist in meinem Leben, annehmen und mich darüber freuen.
- Ich darf unbeschwert mein Leben genießen.
- Ich darf immer mehr so werden, wie ich bin.

Diese Sätze sagt sie sich am Tag, so oft es geht. Gleich morgens nach dem Aufwachen, während des Tages, wenn sie an der Ampel wartet oder an der Supermarktkasse und – ganz wichtig – abends im Bett, bevor sie einschläft. Sie kennen sicherlich die Wirkung, wenn man abends Vokabeln gelernt hat. Die waren am nächsten Morgen garantiert präsenter als die, die man am Nachmittag gepaukt hat. Diese Wirkung können Sie auch für Ihre Affirmationen nutzen. Schlafen Sie mit positiven Gedanken ein. Die Chance, dass Sie mit positiven Gedanken aufwachen, ist hoch.

Lustigerweise konnte sich Marina ihre zweite Affirmation schlecht merken, obwohl sie sich den Satz selber ausgedacht hat. Jede Affirmation sollten Sie mehrmals laut aussprechen und dabei in sich hineinhorchen, wie sie »ankommt«. »Kneten« Sie so lange an den Sätzen, bis sie sich richtig anfühlen. Marinas Hirn schaltete bei dem

Wort »unbeschwert« immer ab. Stattdessen schickte es Begriffe wie »leichtsinnig«, »leichtlebig« oder »leichten Herzens«, doch das war nicht die Bejahung, die Marina für sich wollte. Immer wieder musste sie vorher nach dem richtigen Begriff suchen. Es war so, als hätte das Unterbewusstsein dieses Wort und damit auch diese Art zu leben für alle Zeiten verdrängen wollen. Und nun war es an Marina, es mühsam wieder auszugraben.

## Worte wirken

Vielleicht denken Sie jetzt, dass ein paar Worte unmöglich eine solche Wirkung haben können. Auch dazu gibt es eine sehr nette Geschichte aus dem islamischen Kulturkreis:

*Ein spiritueller Mann heilte ein krankes Kind, indem er einige Worte immer wieder vor diesem wiederholte. Nach dieser »Behandlung« gab er das Kind den Eltern und sagte: »Jetzt wird es gesund werden.« Ein Zuschauer konnte das nicht glauben und fragte: »Wie kann das sein, dass Menschen durch ein paar wiederholte Worte geheilt werden können?«*

*Da drehte sich der spirituelle Mann, der für seine Sanftheit bekannt war, zornig um und entgegnete bitterböse: »Du verstehst nichts davon. Du bist ein Narr!« Der Zuschauer wurde nun auch zornig, die Röte stieg in sein Gesicht und seine Miene verzog sich zu einer hässlichen Grimasse. Da sagte der spirituelle Mann: »Wenn ein Wort die Kraft hat, dich wütend zu machen, warum sollte dann ein Wort nicht auch die Kraft haben zu heilen?«*

Wenn also Worte und Gedanken die Kraft haben, Sie zu deprimieren, warum sollten dann Worte und Gedanken nicht auch die Kraft haben, Sie aufzuheitern?

## ÜBUNG: Neue Wege im Kopf gehen

Wie wäre es, wenn Sie es ausprobieren – jetzt gleich hier?

Schreiben Sie auf, was Sie in Zukunft denken wollen. Achten Sie darauf, dass Sie schreiben, was Sie wollen, und nicht, was Sie nicht wollen. Also nicht »ich will mir nicht mehr selber Vorwürfe machen«, sondern »ich darf mich selber loben«. Wichtig ist, dass Sie Ihre Affirmation positiv ausdrücken. Auch sollten Sie bei der Formulierung »ich bin«-Sätze vermeiden. Denn das suggeriert, dass es um Ihre Person in Gänze geht. Doch es ist immer nur ein Teilaspekt Ihrer Persönlichkeit, den Sie nun anders bestärken wollen. Bei »ich bin«-Formulierungen ist die Gefahr groß, dass der innere Widerstand erwacht. Wenn Sie sich also mehr mit Ihrem Aussehen anfreunden wollen, könnte die Affirmation »ich bin schön« Ihren Widerstand auf den Plan rufen, der Ihnen gleich wieder einflüstert, was das denn für ein Quatsch sei. Versuchen Sie es deshalb mit Formulierungen wie »ich darf mich mögen, wie ich bin.«

Die Affirmation muss von Ihnen beeinflussbar sein. Wenn Sie sich wünschen, von jemand anderem geliebt oder gesehen zu werden, haben Sie keinen Einfluss darauf, und dann kann eine Affirmation nichts bewirken. Ihre bejahenden Sätze sollten also etwas direkt mit Ihnen zu tun haben. Wenn Sie beispielsweise das Verhältnis zu einem anderen Menschen positiver gestalten wollen, dann fragen Sie sich, was Sie dafür tun können. Wie können Sie der nervigen Kollegin in Zukunft begegnen, damit das Miteinander besser wird? Da könnte eine Affirmation lauten: »*Ich* akzeptiere die Kollegin, wie sie ist, und lass mich nicht aus meiner Ruhe bringen – egal, was sie tut.«

Sie können für alle Bereiche Ihres Lebens Affirmationen finden, egal, ob es um berufliche oder private Gedankenveränderungen geht.

Hier einige Beispiele für Affirmationen:

### Erfolg im Job

Wenn Sie bislang denken, dass alle Kollegen besser sind als Sie, versuchen Sie es mit der Affirmation: »Ich habe viele Qualitäten, die mich im Job auszeichnen.« Oder: »Ich darf erfolgreich sein.« Oder: »Ich kann auch schwere Aufgaben erfolgreich meistern.«

### Sportlich gesehen

Wenn Sie bislang denken, dass Sie unsportlich sind, und deswegen nicht in Bewegung kommen, dann denken Sie ab jetzt: »Ich erlaube mir, Spaß am Sport zu haben. Jeden Tag ein bisschen mehr.« Oder: »Es ist gut für mich, wenn ich mich jeden Tag eine halbe Stunde bewege.« Oder: »Ich freue mich darauf, jeden Tag Sport zu treiben. Denn das macht mich gesund, lebensfreudig und sexy.«

### Selbstvertrauen

Wenn Sie bislang oft das Gefühl haben, eine winzig kleine Maus zu sein, dann denken Sie von nun an: »Ich habe allen Grund, mich gut zu finden.« Oder: »Ich habe schon viel in meinem Leben geschafft. Ich darf stolz auf mich sein.« Oder: »Ich wachse jeden Tag ein bisschen mehr und darf mir jeden Tag ein bisschen mehr zutrauen.«

Wichtig bei der Formulierung einer Affirmation ist also:

- Die Formulierungen müssen sich für Sie gut »anfühlen«.
- Drücken Sie sich positiv aus.
- Benennen Sie das, was Sie wollen (also das Ziel, wohin es gehen soll).
- Benutzen Sie Phrasen wie »ich darf …«, »ich erlaube mir …«, »immer mehr …«, »jeden Tag mehr …«, »ich freu mich auf …«.
- Die Affirmationen müssen in Ihrem Einflussbereich liegen, also von Ihnen gesteuert werden können.

## ÜBUNG

Gutes soll man nicht verschieben, deswegen nutzen Sie die Gelegenheit und schreiben Sie hier jetzt gleich Ihre Affirmationen nieder. Das kann erst einmal ganz ungeordnet geschehen.

.................................................................................................................................

.................................................................................................................................

.................................................................................................................................

.................................................................................................................................

.................................................................................................................................

.................................................................................................................................

.................................................................................................................................

Und nun suchen Sie sich zwei bis drei Affirmationen aus, die Ihnen am wichtigsten erscheinen. Die bauen Sie nun gedanklich zur »Autobahn« aus, indem Sie sie so oft wiederholen wie möglich. Laut oder leise. Gesprochen oder gesungen. Ganz egal, Hauptsache, Sie wiederholen sie. Machen Sie sich »Reminder« auf Post-its, damit Sie nicht vergessen zu üben. Geben Sie sich sechs bis acht Wochen Zeit. Vielleicht auch etwas länger. Hören Sie vor allem nicht zu früh damit auf, weil Sie denken, das wirkt bei Ihnen nicht. Irgendwann werden Sie merken, dass sich die Sätze verselbstständigen. Wenn Sie regelmäßig üben, werden die positiven Affirmationen die negativen bald abgelöst haben.

Marina verspürte – trotz der gedanklichen Ladehemmung, was das Wort »unbeschwert« anging – erstaunlich schnell wieder mehr Lebensfreude. Anfangs musste sie noch sehr bewusst an ihre Affirmationen denken, wenn sie morgens nach dem Aufstehen von alten Glaubenssätzen überrollt wurde. Doch mittlerweile denkt und fühlt sie über viele Tage und Wochen von allein sehr positiv. Die alte Sonnenschein-Marina ist wieder zum Vorschein gekommen. Übrigens auch mit positiven Auswirkungen auf ihren misanthropischen Ehemann. Die beiden haben einen Deal geschlossen: Wenn er wieder einmal zu pessimistisch in die Welt schaut und die ganze Familie damit runterzieht, muss er sich in sein Zimmer zurückziehen. Und siehe da: Auch ihm gelingt es immer öfter, freundliche Stimmung zu verbreiten.

### Das Wichtigste zur Lebensfreuderegel 1: Nichts passiert ohne Grund

- ♫ Der Gedanke »Nichts passiert ohne Grund« erleichtert es, das Gute in schlechten Nachrichten zu sehen. Denn alles Negative birgt auch etwas Positives, auch wenn man es nicht gleich erkennt.

- ♫ Positiv denken kann jeder lernen. Üben Sie sich in positiven Affirmationen. Die Übung dazu finden Sie in diesem Kapitel.

- ♫ Üben Sie die neuen Affirmationen mindestens sechs Wochen lang so oft wie möglich. Erinnern Sie sich mit Post-its daran, denn nur das regelmäßige Üben bringt den gewünschten Erfolg.

# Lebensfreuderegel 2:
# Reflektiere dich selbst

Biscotti © Staatskanzlei RLP

Malu Dreyer, Jahrgang 1961, ist Ministerpräsidentin von Rheinland-Pfalz. Sie lebt mit ihrem Mann in Trier.

Malu Dreyer ist eine Kämpferin. Sie versucht jede Situation zum Guten zu wenden, und sei sie noch so schwierig.

## Malu Dreyer: »Man wächst eigentlich sein Leben lang.«

»Ich kann an keinem Schuhgeschäft vorbeigehen.« Dieser Satz könnte von jeder normalen Frau stammen. Aber Malu Dreyer ist keine »normale« Frau. Sie ist Ministerpräsidentin von Rheinland-Pfalz und hat multiple Sklerose. Wenn man sie nicht kennt, fallen sofort ihr verschmitztes, sympathisches Lächeln und ihre geschmackvollen Schuhe auf. Und dass sie sich beim Gehen häufig bei jemandem einhakt. Das ist ihrer Krankheit geschuldet. Wenn keine Öffentlichkeit dabei ist, chauffiert sich die gebürtige Pfälzerin auch selbst auf einem motorbetriebenen Dreirad.

Malu Dreyer wird gern »die Ministerpräsidentin der Herzen« genannt, ist aber auch dafür bekannt, dass sie hinter den Kulissen knallharte Entscheidungen trifft. Zwischen diesen Polen scheint sich die 56-Jährige häufig zu bewegen. »Obwohl ich als Juristin sehr analytisch denke, weiß ich, dass auch der Bauch oder das Herz einem viele Dinge sehr klar sagen und signalisieren. Ich habe gute Erfahrungen damit gemacht, mich auch auf meine emotionale Seite zu verlassen.« Und diese emotionale Seite lebt Malu Dreyer auch. Sie gibt ihren Gefühlen Raum und lässt auch Wut und Zorn zu. »Dann fluche ich auch mal ordentlich. Das hilft.« Doch viel lieber lässt sie den schönen Gefühlen freien Lauf. Viel lieber begrüßt sie jeden neuen Tag mit einem Lachen. »Lebensfreude bedeutet für mich, dass man auch etwas zu lachen hat, dass man morgens aufwacht und denkt, es ist schön zu leben, heute wird ein guter Tag.«

## Es geht um die Balance zwischen Kopf und Bauch

Der positive Blick auf das Leben ist ihr zur Devise geworden. Und die versucht sie auch anderen zu vermitteln. »Ich sage das auch öfter beispielsweise Schülern und Schülerinnen, wenn es um die Berufswahl geht: Wenn sie das Gefühl haben, einen Monat, zwei Monate, ein halbes Jahr, immer mit einem schlechten Gefühl aufzuwachen, dann müssen sie wahrscheinlich etwas ändern. Dann muss man überlegen, was momentan schiefläuft.« Doch bei allen Gefühlen ist es Malu Dreyer auch wichtig, Argumente zu hören und diese abzuwägen. »Ich versäume es nie, mein sogenanntes Bauchgefühl an wirklich rationalen Dingen zu überprüfen. Das finde ich sehr wichtig. Aber selten liegt der Bauch falsch.«

Vielleicht ist es diese Mischung aus Bauch und Verstand, die ihr hilft, ihre Lebensfreude zu erhalten. Trotz der enormen Verantwortung als Ministerpräsidentin. Trotz der vielen Anfeindungen, Kritik und Neid, die das Amt mit sich bringen. Trotz der chronischen Krankheit, bei der das zentrale Nervensystem in Mitleidenschaft gezogen wird. »Bei mir kommt bei jeder Krise irgendwann der Punkt, an dem ich denke: Du kannst jetzt nicht einfach nur immer traurig und wütend sein, sondern es muss sich auch wieder etwas ändern im Leben. Man muss den Schalter umlegen. Das ist sicherlich eine emotionale, zugleich aber auch eine rationale Sache.« Man merkt Malu Dreyer an, dass sie weiß, wie man mit schwierigen Situationen im Leben umgeht. Sie hat sich viele Gedanken darüber gemacht und kommt in unserem Gespräch ohne Schnörkel sehr schnell auf den Punkt. Und immer wieder verwebt sie Kopf und Bauch, macht klar, dass Gefühle wichtig sind, dass man sich aber auch selbst in den Hintern treten muss, um Lebensfreude aktiv zu fördern. »Es ist eine Frage der Rationalität, aber auch der Selbstmotivation, wieder positive Gefühle zuzulassen. Es hilft dann, sich mit schönen Dingen oder lieben Menschen zu umgeben, auch wenn es vielleicht am Anfang schwerfällt, sich die positiven Gefühle zuzugestehen. Am Anfang muss man sich sicher ein bisschen rational dazu zwingen, nicht immer nur auf die Schattenseite, sondern wirklich auch auf die leuchtende, auf die Chance zu schauen.« Das ist die Kunst, die Malu Dreyer schon von klein an beherrschte. Schon früh erfuhr sie, dass man belohnt wird, wenn man es schafft, das Positive zu sehen. »Dann kann man Kräfte entfalten, um die Chance und die helle Seite gut zu gestalten.« Es geht ihr um eine Balance zwischen Ratio und Emotion. Der Verstand helfe dem Gefühl, auf den richtigen Weg zu kommen. »Das eine bedingt das andere.«

> **Man muss den Schalter umlegen. Das ist sicherlich eine emotionale, zugleich aber auch eine rationale Sache**

## »Die Diagnose war ein richtiger Tiefschlag.«

Eigentlich ist Malu Dreyer keine Frau, die gerne über »Krisen« spricht. Auch wenn sie sich damit auskennt. Sie hatte – wie alle anderen Menschen auch – größere und kleinere Krisen. Sie kennt schlaflose Nächte, in denen man Lösungen sucht. Und das Gefühl, morgens aufzuwachen und zu glauben, die Welt gehe jetzt gerade unter. »Es gibt immer Krisen, und manchmal sind kleine Krisen traumatische Krisen, manchmal sind große Krisen gar nicht so schlimm. Aber zu wissen, dass zum Glück auch die Trauer gehört, dass zu schwierigen Lebenslagen auch wieder gute gehören, trägt dazu bei, dass man spürt, dass man lebt. Das glaube ich ganz bestimmt.«

Doch im Moment ihrer größten Krise war erst mal kein Raum für positive Gedanken. Damals war sie 34 Jahre jung, eine sportliche, fitte, dynamische Frau, die die Diagnose »multiple Sklerose« bekam. »Das war ein richtiger Tiefschlag. Ich dachte, die Welt geht jetzt erst einmal unter. Ich hatte gar keine richtige Vorstellung davon, was MS eigentlich ist. Damit umzugehen, war nicht leicht.«

> **Zu wissen, dass zum Glück auch die Trauer gehört, trägt dazu bei, dass man spürt, dass man lebt**

Am Anfang halfen gute Freunde, mit denen sie sich austauschte und bei denen sie sich Ratschläge holte. Malu Dreyer nennt diese Menschen »Mutmacher«. Die brauche man unbedingt in Krisenzeiten. Auch die Natur hilft. Malu Dreyer ist ein Naturmensch. Und so kann sie in der Landschaft an der Mosel, wo sie mit ihrem Mann lebt, Kraft tanken. »Ich bin auch oft ganz berührt von dem, was mir begegnet. Es ist toll, wenn man in die Natur geht, plötzlich die Schönheit der Natur wieder zu sehen und in sich aufzunehmen. Ähnlich wie mit den Jahreszeiten ist es ja in einer Krise. Da welkt etwas in einem und man muss es dann irgendwie loswerden, damit etwas Neues entstehen kann.«

Auch die Verbindung zu Gott hilft Malu Dreyer. Aber nicht nur der Glaube an Gott, auch der Glaube an sich selbst. »Ich bin ein gläubiger Mensch, habe ein großes Gottvertrauen und ein großes Vertrauen in mich selbst. Ich glaube, ich war als Kind auch schon so, dass ich dann irgendwann innerlich sagte, so, und jetzt ist es gut. Nun möchte ich wieder nach vorne blicken. Es gibt immer – auch in einer Krise – neue Dinge zu entdecken.«

## Die größte Aufgabe ist die Arbeit an einem selbst

Aufgewachsen ist Malu Dreyer in der Pfalz. Dort versteht man zu leben, zu lachen, zu feiern. In der Pfalz wird großflächig Wein angebaut. Das erklärt das positive Lebensgefühl, das Pfälzer erst mit der Muttermilch und später mit dem Schoppenglas aufsaugen. Der Spruch »Das

Glas ist halb voll und nicht halb leer« könnte in der Pfalz erfunden worden sein. Auch Malu Dreyer gehört zu den Menschen, bei denen das Glas immer halb voll ist. »Das ist eine Frage der Einstellung. Aber man kann sich auch dahin entwickeln. Das geht meist nicht, ohne dass man an sich arbeitet.«

Das ist laut Malu Dreyer ohnehin das Wichtigste: die Selbstreflexion. »Dass man sich auch als erwachsene Persönlichkeit immer wieder selbst infrage stellt und an sich arbeitet.« Das macht die Tochter eines Oberstudiendirektors auch. Mittlerweile mit Freuden, doch das war nicht immer so. »Ich weiß noch ganz genau, bevor ich dreißig wurde, habe ich gedacht: Wenn ich dann mal dreißig bin, dann muss ich mich nicht den ganzen Tag fragen, warum das eigentlich so ist und warum ich so bin und was ich eigentlich tun muss, um mich weiterzuentwickeln. Und dann wurde ich dreißig und stellte fest, dass die Arbeit an sich selbst einfach nie aufhört. Man wächst eigentlich sein Leben lang. Aber das bedeutet immer Arbeit, es ist sogar furchtbar viel Arbeit.« Jedoch eine Arbeit, die sie gerne tut. Malu Dreyer empfindet es als ein Privileg, »dass man auch im Erwachsenenalter noch wachsen kann und darf.«

> Man wächst eigentlich sein Leben lang. Aber das bedeutet immer Arbeit

## »Es ist immer eine Frage, wie man mit Krisen umgeht.«

Doch warum schaffen es manche, gestärkt aus einem Tal herauszukommen, während andere stecken bleiben? »Es ist immer eine Frage, wie man mit Krisen umgeht. Das ist ausschlaggebend dafür, ob man irgendwann auch wieder in die Phase der Lebensfreude kommt.« Selbstreflexion hilft bei der Krisenbewältigung. »Ich glaube, dass jeder Mensch mit seinem eigenen Persönlichkeitstypus einen Weg finden kann, mit Krisen umzugehen. Deshalb bin ich auch fest davon überzeugt, dass sich jeder auf den Weg machen kann, sich in seiner Persönlichkeit innerhalb einer Krise weiterzuentwickeln, um aus der Krise auch wieder herauszukommen.«

Wäre Malu Dreyer nicht Politikerin und Juristin geworden, sie wäre auch eine gute Therapeutin. Sie strahlt so viel Optimismus aus, dass man sich etwas davon einpacken und mitnehmen möchte. Als Pfälzerin hat sie sicherlich viel Lebensfreude geschenkt bekommen, aber sie hat auch eine Menge dafür getan. Und seit der Diagnose tut sie noch mehr für sich. »Ich achte mehr auf mich selbst, ich achte vielleicht auch mehr auf meine Gesundheit, ich achte mehr auf den Tag. Ich glaube, eine meiner großen Stärken ist, dass ich in der Gegenwart lebe und nicht nur davon träume, was mal in zehn Jahren ist, sondern wirklich jeden Tag bewusst lebe. Das bedeutet Lebensfreude für mich. Auf das kleine Glück sehen, auf die Dinge, die einfach schön sind im Leben, auch wenn sie einen in dem Moment nicht direkt betreffen.«

An dieser Stelle macht Malu Dreyer eine kleine Pause, und dann schiebt sie noch einen Satz nach. »Und tatsächlich auch immer zu sehen, dass man selbst ein Stück dazu beitragen kann, die Situation zu wenden, sei sie noch so schwierig.« Genau diese Einstellung ist es wohl, die weiterhin für das Leuchten in ihren Augen sorgt – trotz der enormen Verantwortung in ihrem Job und trotz einer chronischen Krankheit.

Eine meiner großen Stärken ist, dass ich in der Gegenwart lebe

## Das Wichtigste zur Lebensfreuderegel 2:
## Reflektiere dich selbst

♪ Viele arbeiten ihr ganzes Leben daran, andere zu ändern: den Partner, die Eltern oder Kollegen. Doch das ist ein hoffnungsloses Unterfangen. Viel effektiver ist es, an sich selbst zu arbeiten, sich selbst zu reflektieren. Fragen Sie sich regelmäßig, was für ein Mensch Sie sein wollen, was wichtig für Sie ist und welche Schritte Sie gehen müssen, um dorthin zu kommen.

♪ Halten Sie Kopf und Bauch in Balance. Lassen Sie Ihre Gefühle zu. Doch wenn diese übermächtig werden, hilft die Vernunft, einen neuen Weg zu finden.

♪ Seien Sie sich bewusst, dass Sie selbst einen großen Teil dazu beitragen können, eine Situation zu wenden. Es ist immer eine Frage, wie Sie auf die Dinge schauen. Richten Sie Ihren Blick in Krisenzeiten bewusst auf das Schöne. Das mag anfangs schwerfallen, hilft aber beim Durchqueren eines Tals, denn durch den Blick auf das Positive werden neue Kräfte freigesetzt.

# Lebensfreuderegel 3:
# Kreiere deine eigenen Wunder

»Zwischen zwei Samstagen geschehen viele Wunder.« Dieses Sprichwort aus Frankreich strahlt so viel positive Energie aus, dass es mir jedes Mal ein Lächeln auf die Lippen zaubert, wenn ich nur an diesen Satz denke. Zwischen zwei Samstagen, an sieben Tagen jeder x-beliebigen Woche, geschehen Wunder. In meinem Leben. In Ihrem Leben. In jedermanns Leben. Kleine und große. Manchmal muss man sich bemühen, sie zu erkennen. Manchmal sind sie so deutlich, dass man sie sogar in stressigen Momenten nicht übersehen kann. Das blühende Mohnfeld neben einer riesigen, hässlichen Baustelle sehe ich als ein kleines Wunder. Auch freundliche Menschen, die mir eine Tür aufhalten, ein Lächeln schenken oder mich im Stau auf der Straße in eine Lücke einfädeln lassen, erfreuen mich so sehr, dass sie auf meine tägliche Liste der Wunder, die mir während des Tages passiert sind, kommen. Jeden Abend kurz vor dem Schlafengehen erstelle ich in Gedanken die Wunderliste des Tages.

Es passieren tatsächlich jeden Tag Wunder. Und Sie können selbst jede Menge tun, weitere Wunder in Ihrem Leben zu erschaffen. Vielleicht sind Sie jetzt kritisch, weil Sie denken, dass das einzige Wunder, das Ihnen helfen könnte, ein Millionengewinn im Lotto sei. Dann müssen Sie weiterhin skeptisch bleiben, denn ein solches Wunder können Sie nicht aktiv herbeiführen. Sie können die Chance mit Ihrem Lottoschein erhöhen, aber selbst dann ist ein Millionengewinn denkbar unrealistisch. Welche Wunder können Sie also in Ihrem Alltag selbst kreieren – und wozu soll das gut sein? Die Antwort ist einfach: Mit jedem noch so kleinen Wunder vergrößern Sie Ihre Lebensfreude, mehren

Sie Leichtigkeit und fühlen sich lebendiger. Wie das geht, zeige ich Ihnen weiter unten.

## Zwischen 40 und 50 dümpelt man im Tal der Lebensfreude

Woran liegt es, dass vielen Menschen die Lebensfreude irgendwann einmal abhandengekommen ist? Auf welcher Teilstrecke im Leben ist das passiert? Einer Untersuchung zufolge verläuft die Kurve der Lebenszufriedenheit wie ein »U«. Man fängt im Leben oben an. Als Kind sind die Lebenszufriedenheit und die Lebensfreude riesig. Kein Wunder. Kinder leben voll im Hier und Jetzt. Sie denken nicht an die Zukunft und machen sich darum auch keine Sorgen. Und sie sind Egoisten, sorgen dafür, dass ihre eigenen Bedürfnisse erfüllt werden. Je älter wir werden, desto mehr schwindet die Zufriedenheit. Es geht im »U« immer weiter nach unten. Zwischen dem 40. und 50. Lebensjahr sind laut den Untersuchungen Zufriedenheit und Freude am geringsten ausgeprägt. Dann sind wir ganz unten im Tal des »U« angekommen. Dafür gibt es gute Gründe: In diesem Lebensjahrzehnt werden wir langsam, aber sicher mit unserer eigenen Endlichkeit konfrontiert. Wir ahnen, dass wir nicht mehr alle Pläne aus jüngeren Jahren umsetzen können. Wir wissen, dass wir einen Großteil unserer besten Jahre hinter uns gebracht haben, und fragen uns, ob es das nun war. Oder ob da noch was kommt. Beruflich geht es oft nicht mehr aufwärts, es stagniert. Rückschläge müssen jetzt häufiger verkraftet werden. Privat sind viele »aus dem Gröbsten raus«. Die Kinder sind nicht mehr ganz so betreuungsintensiv, aber eben auch nicht mehr so zum Knutschen. In der Paarbeziehung wird nicht mehr ganz so heftig gekämpft, aber eben auch nicht mehr so heftig geliebt. Irgendwie fühlt sich vieles nun »lauwarm« an. Das sind die Zeiten, in denen sich Männer von ihren Frauen trennen, sich einen Porsche kaufen und sich eine wesentlich jüngere Freundin zulegen. Doch dieses Klischee stimmt so nicht. Auch Frauen sind von der sogenannten »Midlife-Crisis« betroffen. Nur dass die sich meist keinen Porsche kaufen und sich keinen wesentlich jüngeren Liebhaber zulegen (wobei: Den gibt es im 21. Jahrhundert immer öfter). Bei Frauen, die im Zufriedenheits-U ganz unten hängen, steht eher die Suche nach sich selbst im Mittelpunkt. Mittlerweile trennen sich mehr Frauen von ihren Männern als andersrum. Und ein neues Symptom verbreitet sich: Viele Langzeit-Ehen werden nach 20, 25 Jahren aufgelöst. Das gab es im letzten Jahrhundert deutlich seltener.

## Lebensfreude auf Kosten der Partnerin

Apropos Porsche: Der krasseste Fall, den ich dazu erlebt habe, fand in meinem Bekanntenkreis statt. Er, Anfang 50, leitender Angestellter einer großen deutschen Firma, hatte seiner Ehefrau einen Kreditvertrag zum Unterschreiben vorgelegt mit der Begründung, er wolle das Haus umschulden. Sie hatte nichtsahnend unterschrieben. Doch der Kredit war nicht fürs Haus gedacht. Er kaufte sich von dem Geld einen Porsche, ohne auch nur ein Wort mit seiner Frau darüber zu reden. Jeder hätte verstanden, wenn sie sich deswegen von ihrem Mann getrennt hätte. Doch meine Bekannte konnte sich dazu nicht durchringen. Selbst dann nicht, als er sie anklagte, sie würde ihm jeden Spaß im Leben verderben mit ihrer Maulerei. Sie hatte gewagt, ihm wegen der erschwindelten Unterschrift Vorwürfe zu machen.

Leider gibt es viele Beziehungen, in denen materiell oder immateriell betrogen wird. In denen einer oder beide emotional dichtgemacht haben. Beziehungen, die bestehen bleiben wegen der Kinder oder aus finanziellen Gründen. Dass hier die Lebensfreude auf der Strecke bleibt, ist kein Wunder. Doch auch ansonsten gibt es genügend Gründe, warum die Lebensfreude oft untergeht. Im Alltagswahnsinn zwischen ihrem und seinem Job, dem Ärger und dem Frust, den man aus dem Büro mit nach Hause bringt, der Organisation einer Familie, Müll wegbringen, Wäsche waschen, Schwiegerfamilie besuchen, auf alte Eltern Rücksicht nehmen, Elternbriefe lesen und ausfüllen, Kindergeburtstage organisieren und, und, und. Wenn man lange Zeit sein Leben vor allem organisiert, dann fragt man sich nicht mehr, ob das Leben so sein muss. Man hat sich einfach daran gewöhnt, dass man keine Zeit mehr für sich oder den Partner hat. Manchmal leuchtet ein rotes Licht im Hirn auf, das anzeigt, dass es so nicht weitergehen kann, dass bald ein Schaden im Getriebe zu befürchten ist. Doch solange die Maschinerie läuft, so lange wird kein Gang runtergeschaltet.

So lange, bis man im Urlaub, wenn das Leben tatsächlich mal etwas langsamer läuft, merkt, dass man eigentlich gar nicht mehr weiß, wie das geht mit der Lebensfreude. Was braucht man dafür? Wie fühlt die sich an? Was macht man eigentlich so gerne, dass sich Lebensfreude entwickeln kann? Und man fragt sich, was aus den alten Hobbys von früher geworden ist. Könnte man da vielleicht anknüpfen, um sich die Freude von früher zurückzuholen? Irgendwie tappt man im Dunkeln mit dem, was man will und braucht. Und deswegen werden solche Fragen auch meist nach kurzer Zeit unbeantwortet in irgendeine Ecke der Seele weggepackt und man macht einfach so weiter wie bisher.

## Endstation Burn-out

Oder man macht so weiter, solange es geht. Solange der Körper und die Seele mitmachen. Bei vielen Menschen kommt über kurz oder lang der Zusammenbruch. Es gibt Untersuchungen, die besagen, dass über 90 Prozent aller Krankheiten auf Stress zurückzuführen sind. Meiner Meinung nach haben auch Burn-out oder depressive Verstimmungen ganz viel damit zu tun, dass wir zu wenig für unsere Lebensfreude tun. Dass wir wie wild im Hamsterrad laufen und zu wenig auf uns achten. Ich habe im Laufe der Jahre viele Menschen kennengelernt, die erst durch eine Krankheit ihr Leben geändert haben. Die lange Zeit jeden Tag von morgens bis abends gearbeitet haben. Und oft hat ihnen diese Arbeit keinen wirklichen Spaß mehr gemacht. Aber sie haben den Ausgang aus dem Hamsterrad nicht gefunden. Und selbst wenn sie spürten, dass etwas nicht in Ordnung war, dass ihnen etwas fehlte im Leben, haben sie nicht langsamer gemacht, sondern sind im Gegenteil noch einen Gang schneller gelaufen. Denn je schneller man läuft, desto weniger spürt man die Missstände im Körper und die Leerstände in der Seele. Also werden viele Menschen durch eine Krankheit gezwungen innezuhalten. Ich kenne Menschen, die auch nach einem Burn-out einfach so weitergemacht haben wie bisher. Ich kenne Menschen, die eine Krankheit genutzt haben, um behutsam neue Wege zu gehen. Aber vor allem kenne ich Menschen, für die eine Krankheit wirklich ein Wendepunkt war, drastische Schritte zu gehen. Die sich von ihrem Partner trennten, den Job kündigten, in eine andere Stadt zogen oder alles zusammen.

Schöner wäre es, wenn man rechtzeitig zur Lebensfreude zurückfände. Wenn die Ampel Gelb zeigt und man dann schon auf die Bremse tritt und nicht erst, wenn man im dunkelroten Bereich ist. Möglich ist das, wenn man sich selbst gegenüber achtsam ist. Wo stehen Sie denn zurzeit auf der »Wohlfühl-Ampel«? Auf Grün, Gelb oder schon Rot? Stellen Sie sich diese Frage alle paar Wochen, damit Sie ein Gefühl dafür bekommen, ob Sie sich selbst gerade mehr Aufmerksamkeit schenken sollten. In meinen Lebensfreude-Seminaren habe ich ein Paar kennengelernt, das den Anschein machte, als sei es gerade frisch verliebt und erst seit kurzer Zeit zusammen. So freundlich, verliebt und wertschätzend sind die beiden miteinander umgegangen. Auf meine Nachfragen erfuhr ich, dass die beiden bereits seit 20 Jahren verheiratet waren und dass sie sich Seminare wie meines regelmäßig »gönnten«, um erst gar nicht aus dcm »grünen Bereich« des Wohlfühlens herauszukommen. Auch das ist eine sehr empfehlenswerte Taktik, die leider nur wenige beherzigen: Nicht warten, bis der Akku völlig leer ist, sondern schon dann aufladen, wenn es einem noch richtig gut geht.

## Schlaflos in Mainz

Ich selbst habe das gelbe Licht meiner Ampel auch schon öfter übersehen. Einmal bin ich mit offenen Augen in den tiefroten Bereich gerast, und es hat verdammt lange gedauert, bis ich es erkannt und mir Hilfe gesucht habe.

Es fing ganz harmlos an – wie so oft im Leben. Mit Zahnschmerzen kurz nach Weihnachten. Erstaunlicherweise kamen die Schmerzen immer nur nachts. Sobald ich eine halbe Stunde im Bett lag, pochte es oben links wie verrückt, und vor lauter Schmerzen machte ich kein Auge zu. Natürlich hatte über die Feiertage kein Arzt Sprechstunde, und so fuhr ich mit meiner Familie und den Schmerzen nach Silvester in den Skiurlaub. Doch auch in der Schweiz das gleiche Spiel: Tagsüber schmerzfrei beim Skifahren, nachts schlaffrei aufgrund der Schmerzen. Als ich nach den Skiferien endlich einen Termin beim Zahnarzt hatte, schlief ich schon zwei Wochen lang nur noch ein oder zwei Stunden pro Nacht. Doch der Arzt konnte mir nicht helfen. Er konnte nicht feststellen, welcher Zahn mir das Leben schwermachte. Es kamen oben und unten insgesamt sechs Zähne infrage. Da der Schmerz tagsüber nicht auftrat, konnte ich den Zahn nicht bestimmen, und auch das Röntgenbild schaffte keine Klarheit. Nun gab es zwei Möglichkeiten: Entweder mein Zahnarzt machte an sechs Zähnen eine Wurzelbehandlung, oder wir warteten. Ich entschied mich fürs Warten und wurde auf eine harte Probe gestellt. Denn der Schmerz kam jede Nacht wieder und verschwand mit dem Morgengrauen. Es war zum Verrücktwerden.

Um eine lange qualvolle Geschichte kurz zu machen: Erst nach vier Wochen konnten wir den schadhaften Zahn durch erneutes Abklopfen aller Zähne lokalisieren. Mit einer sofortigen Wurzelbehandlung stellte mein Zahnarzt das Miststück kalt. Ein für alle Mal.

Und damit kam ich wieder zum Schlafen. Könnte man meinen. Doch leider weit gefehlt. Nach diesen vier Wochen Schlafentzug war mein Körper darauf eingestellt, mit sehr wenig Ruhestunden auszukommen. Dafür schüttete er Adrenalin aus wie verrückt. Ich kam auch nach der Zahnbehandlung nicht zur Ruhe. Am Anfang ist ein Schlafentzug mit der Einnahme von Drogen zu vergleichen. Zumindest stelle ich mir das so vor. Ich war tagsüber unglaublich leistungsfähig. Schaffte für drei und fühlte mich auch noch gut dabei. Und auch die Rückmeldungen von Freunden und Kollegen bestätigten mir, dass man mir nichts ansah. Im Gegenteil. In diesen Monaten bekam ich viele Komplimente für mein Aussehen.

Doch nach ungefähr acht Monaten war ich am Ende meiner Kräfte. Erst dann – viel zu spät – suchte ich mir Hilfe. In einer Verhaltenstherapie lernte ich, mich selbst zu reflektieren und meine Bedürfnisse wichtig zu nehmen. Das war völliges Neuland für mich. In diesen Stunden wurde mir klar, wie sehr das eigene Verhalten über Wohl oder Wehe im Leben entscheidet. Wie sehr man es selbst in der Hand hat, ob es einem gut geht oder nicht.

Kurze Zeit später lernte ich in meiner Coachingausbildung eine wunderbare Möglichkeit kennen, wie man die Sachen im Alltag findet, die einem Freude bereiten. Noch heute coache ich mich in Zeiten, die eher schwer daherkommen, damit selbst.

Wenn Sie auch zu den Menschen gehören, deren »Wohlfühl-Ampel« öfter auf Dunkelgelb oder gar Rot steht, oder wenn Sie grundsätzlich das Gefühl haben, es könnte mehr Lebensfreude in Ihrem Alltag geben, aber Sie nicht wissen, was Sie eigentlich brauchen, dann fangen Sie an, Ihre eigenen Wunder zu kreieren.

---

**ÜBUNG: Stellen Sie sich mal vor ...**

Für diese Übung brauchen Sie Ruhe und am besten einen Sessel, in dem Sie bequem sitzen. Eine Couch, auf der Sie sich ausstrecken können, empfehle ich nicht. Zu groß ist die Gefahr, dass Sie einnicken.

Wenn Sie bequem sitzen, schließen Sie bitte die Augen, und denken Sie sich in folgende Situation ein. Sagen Sie sich die Sätze so oder so ähnlich – laut oder leise (Sie können statt »dir« und »du« auch »mir« und »ich« sagen. Je nachdem, wie Sie sich selbst ansprechen mögen):

*»Stell dir mal vor, du machst nach dieser Übung das, was du um diese Zeit sonst auch immer machst. Irgendwann wirst du heute Abend etwas essen, und irgendwann wirst du dich hinlegen und einschlafen. Jetzt stell dir mal vor, über Nacht geschieht ein Wunder. Und dieses Wunder bedeutet, dass alles, was du brauchst, um Lebensfreude zu spüren, vorhanden ist. Alles, was du dafür brauchst, ist einfach da. Doch keiner sagt dir oder deiner Familie oder sonst irgendjemandem ein Wörtchen von diesem Wunder. Stell dir nun vor, das Wunder geschieht, keiner sagt dir was davon und du wirst am nächsten Morgen wach:* **Woran bemerkst du, dass das Wunder geschehen ist?«**

Gehen Sie Ihren gesamten Tagesablauf durch. Fangen Sie morgens an. Woran bemerken Sie beim Aufwachen, dass das Wunder geschehen ist? Woran bemerken Sie es im Laufe des Vormittags? Am Mittag? Was machen Sie, nachdem das Wunder geschehen ist, am Nachmittag? Enden Sie mit dem Abend, wenn Sie schlafen gehen. Gehen Sie alle Situationen Ihres Alltags durch, lassen Sie nichts aus. Woran bemerken Sie, dass das Wunder geschehen ist und Sie alles haben, was Sie brauchen, um Lebensfreude zu spüren? Was ändert sich durch das Wunder?

Lassen Sie sich dafür Zeit. Lassen Sie das Wunder wirken, bis Sie es bis in die kleinste Zehenspitze spüren. Es ist Ihr Wunder, und Sie dürfen Ihren Tagesablauf so bestimmen, wie es Ihnen am meisten zusagt. Aber achten Sie darauf, dass Ihr Wunder realistisch bleibt. Sie brauchen realistische Wunder, um sie in die Tat umsetzen zu können. Also ein Wunder, in dem Sie Millionen im Lotto gewinnen oder das Sie zwanzig Jahre jünger, gesünder und sexy macht, bringt Sie nicht weiter. Stellen Sie sich Ihre Wunder so vor, dass Sie sie in Ihrem Alltag tatsächlich umsetzen können. Egal wie klein die einzelnen Wunder sind, jedes einzelne bringt Sie der Lebensfreude ein Stückchen näher. Probieren Sie es einfach mal aus. Es geht hier darum, in Ihren Alltag mehr Lebensfreude hineinzubekommen, und dafür brauchen Sie keinen Lottogewinn.

Probieren Sie es doch gleich jetzt und hier aus, wie es sich anfühlt, eigene Wunder hervorzubringen. Starten Sie, indem Sie sich die Sätze von oben vorsagen. Sagen Sie sie so, wie sie ein Hypnotiseur sagen würde. Sie dürfen es ruhig ein bisschen eindringlich sagen. Und dann lassen Sie Ihre Gedanken treiben.

**Woran bemerken Sie, dass das Wunder geschehen ist?** Wie verhalten Sie sich? Was tun Sie? Hier haben Sie Raum für Ihre Gedanken:

.....................................................................................................................

.....................................................................................................................

.....................................................................................................................

.....................................................................................................................

.....................................................................................................................

.....................................................................................................................

.....................................................................................................................

Eine Coachingklientin von mir, eine sehr erfolgreiche Managerin aus Hamburg, habe ich durch diese Wunderfrage geleitet. Ihr Tag fängt seit dieser Übung damit an, dass sie nicht wie sonst nach dem Weckerklingeln aus dem Bett stürmt und bereits auf der Toilette mit dem Handy SMS und Mails checkt, sondern dass sie liegen bleibt und sich erst einmal auf sich und ihren Körper konzentriert. Sie macht eine Art »Bodycheck«, bei dem sie feststellt, wie es ihrem Körper geht. Dann frühstückt sie und macht erst dann Morgentoilette. Es sei viel netter, im Schlafanzug als im Kostüm zu frühstücken, meinte sie. Da hätte sie noch ein bisschen so etwas wie ein Sonntagsgefühl. Danach fährt sie nicht mit dem Auto ins Büro, was sie bei den täglichen Staus immer furchtbar nervt, sondern bestellt sich ein Taxi für die an sich kurze Strecke und verschafft sich im Taxi einen Überblick über die Mails. Schon dieses andere Starten und Reinkommen in den Tag hat meiner Klientin unheimlich viel Lebensfreude beschert. Wir sind dann gemeinsam durch ihren Tag gegangen und sie erkannte, dass es oft Kleinigkeiten sind, die ihr die Lebensfreude nehmen. Termine, die zu eng geplant werden. Zu wenige Auszeiten. Zu oft »ja« sagen, wenn sie »nein« meint.

Ein anderer Klient von mir, ein hoher Beamter in Baden-Württemberg, lässt sich von seinem Vorzimmer seit der Wunderfrage die Mittagspause strikt freihalten. Zwischen 12:30 und 13:30 Uhr sind keine Termine zu vergeben. Punkt. Und seine Krankengymnastik trägt er nun auch in den Terminkalender ein. So stellt er sicher, dass sie stattfinden kann.

Durch die Wunderfrage kann man erkennen, dass ein riesiges Wunder oft gar nicht nötig ist. Dass man schon viel für seine Lebensfreude tun kann, wenn man ein wenig an den Stellschrauben dreht. Das geht aber nur dann, wenn Ihre Stress- und Energieampel noch nicht auf »Rot« steht. Wenn Sie schon im Burn-out oder in der depressiven Verstimmung stecken, wird Ihnen die Wunderfrage nicht mehr helfen können. Aber alle anderen können sich mit der Wunderfrage Lebensfreude zurückholen.

Wenn Sie jetzt wissen, was Sie anders machen, nachdem das Wunder geschehen ist, ist es Ihre Aufgabe, so viel wie möglich davon in Ihren Alltag umzusetzen. Fangen Sie am besten morgen damit an. Gleich nach dem Aufstehen. Tun Sie so, als sei das Wunder geschehen. Trauen Sie sich ruhig, sich anders zu verhalten als sonst. Und schauen Sie, was passiert.

Wenn Ihnen noch der Mut fehlt, dann würfeln Sie ab sofort jeden Abend. Erscheint eine gerade Zahl, benehmen Sie sich am nächsten Tag so, als sei das Wunder geschehen. Erscheint eine ungerade Zahl, benehmen Sie sich wie immer. Wenn Sie wollen, können Sie sich auch bei einer ungeraden Zahl verhalten, als sei das Wunder geschehen. Es ist Ihre Wahl. Es ist Ihr Wunder. Es ist Ihre Lebensfreude.

Die Wunderfrage können Sie sich regelmäßig stellen. Denn wir Menschen verändern uns, und dadurch verändern sich auch unsere Bedürfnisse. Die Wunderfrage ist ein tolles Werkzeug, um zu dem Menschen zu werden, der wir eigentlich schon sind, den wir aber oft verbergen.

## Das Wichtigste zur Lebensfreuderegel 3: Kreiere deine eigenen Wunder

♫ Fragen Sie sich regelmäßig, was Ihre »Wohlfühl-Ampel« zeigt? Alles im grünen Bereich? Oder steht sie schon auf Gelb oder gar Rot?

♫ Es ist immer die richtige Zeit, mehr Wunder in Ihr Leben zu bringen. Da Sie sie selbst kreieren können, können Sie jederzeit für Nachschub sorgen.

♫ Gehen Sie durch die oben beschriebene Übung. Finden Sie damit heraus, was Sie selbst für mehr Lebensfreude tun können, und dann tun Sie so, als sei das Wunder geschehen, sprich: Setzen Sie Ihre Erkenntnisse in die Realität um.

# Lebensfreuderegel 4:
# Nimm an, was du nicht ändern kannst

© Armin Zedler

Michael Rossié, Jahrgang 1958, lebt mit seiner zweiten Frau Barbara und dem gemeinsamen Sohn in München. Er ist Schauspieler, Redner und Coach.

Einmal im Jahr geht das Ehepaar Teile des Jakobsweges. Um zu reden, um Altes zu reflektieren, um sich neue Ziele zu stecken.

## Michael Rossié: »Ich sage ›Ja‹ zu allem, was ich tu.«

Als der liebe Gott Ausstrahlung, Energie und Lebensfreude verteilte, muss er sich vertan haben. Denn er übersah einige Menschen. Dafür wurde Michael Rossié doppelt und dreifach beschenkt. Diesen Eindruck bekommt man, wenn man diesem hochgewachsenen schlanken Mann das erste Mal begegnet. Und bei jedem weiteren Treffen lässt man sich gern von seiner gewinnenden, geschmeidigen Art gefangen nehmen. Er scheint ein Liebling der Götter zu sein, dem alles gelingt. Doch auch er hat – wie alle Menschen – sein Päckchen zu tragen. Was ihn von vielen anderen unterscheidet? Er hat aus Krisen gelernt und weiß, wie er sich seine Lebensfreude im Alltag erhält.

»Um mir meine Lebensfreude zu erhalten, versuche ich zweierlei. Einmal, das Negative abzuwenden. Am Ende des Jahres überlege ich mir immer, welche ein, zwei Dinge mir am wenigsten Spaß gemacht haben, und die lasse ich im nächsten Jahr sein.« Dabei ist Michael Rossié sehr konsequent. Wenn ihn ein Urlaub in einem Strandhotel langweilt, macht er zukünftig anders Urlaub. Wenn ihn zu eng aufeinanderliegende Termine stressen, plant er anders. Wenn ihn ein Kunde ärgert, ist er nicht mehr sein Kunde. Es sei denn, das Honorar ist hoch genug, dass es als Schmerzensgeld zählt.

> Am Jahresende überlege ich mir, was mir am wenigsten Spaß gemacht hat, und das lasse ich im nächsten Jahr sein.

Die zweite Strategie für den Erhalt der Lebensfreude: Das Unabänderliche bewusst annehmen. »Du kannst eine Stunde am Bahnhof rumstehen und kannst es furchtbar finden, oder du kannst in der Stunde einen Kurzkrimi lesen und das ganz herrlich finden. Oder ein kurzes Video auf deinem Laptop sehen.« Michael Rossié hat die Gabe, das Beste aus dem zu machen, was er hat und was ihm begegnet. »Wenn du für deinen Beruf reisen musst, musst du dazu Ja sagen. Zum Busfahren, zum Taxifahren, zum Warten, zum Zu-spät-Kommen, zum Essen im Supermarkt. Ich kann total glücklich sein, auf dem Parkplatz eines Supermarktes zu sitzen und einen Frischkäse zu essen mit einem Knäckebrot und danach 'ne Buttermilch zu trinken. Ich finde das herrlich. Da fängt Glück schon an, aber dazu muss man erst aktiv ja sagen.«

## »Ich arbeite daran, mir das Leben noch ein bisschen schöner zu machen.«

Dabei ist es nicht so, dass der gebürtige Kölner tatsächlich alle Umstände in seinem Leben toll findet. Dieses Ja sagen zu allem ist für ihn ein ständiger Prozess. Eines seiner Lieblingsthemen sind Taxifahrer. Die ärgern ihn häufig. Doch Michael Rossié lässt sich von ihnen nicht die

Laune verderben, sondern ändert etwas. Dann fährt er mit dem Bus. »Mich nervt das gar nicht, mit dem Bus zu fahren, auch wenn der Bus voller Leute steckt. Ich finde das herrlich, kriege Gespräche mit, ich kriege Geschichten für meine Seminare. Also das, was mich ärgert, zu verbessern und daran zu arbeiten, wie ich mir das Leben noch ein bisschen schöner machen kann, das ist eine Arbeit, die wahrscheinlich in meinem Leben nie aufhören wird.«

## Die größte Krise war eigentlich die glücklichste Zeit

Begonnen hat diese Arbeit nach der Trennung von seiner ersten Frau. Die Scheidung war ein Schock für den Schauspieler, denn er war mit Frau, Kind und Job glücklich und ausgefüllt. »Ich hatte schon in jungen Jahren einen Lebensplan. Da war ein Beruf, der einem Spaß macht. Ich arbeitete als Schauspieler, hatte eine kleine Familie, einen kleinen Fiesta, Frau und Kind. Dazu München – das ist wunderbar, und die Sonne scheint. Aber Geld war nicht so wirklich viel da. Es hat gereicht, aber es hat nicht gereicht, um einen Golf GTI mit Sitzheizung zu fahren. Und in München fuhren genügend von den GTIs mit Sitzheizung rum. Und ich hatte eine Frau, der materielle Dinge sehr wichtig waren. Ich verdiente aber als junger Schauspieler nicht viel, außerdem wollte ich unbedingt viel Zeit mit meinem Sohn verbringen, denn ich liebe Kinder über alles.« Michael Rossié kann heute humorvoll darüber sprechen, dennoch spürt man, dass es eine schwere Zeit für ihn war. »Das waren die zehn härtesten Jahre meines Lebens.« Denn nach der Scheidung sah er seinen Sohn nur noch jedes zweite Wochenende. Für Michael Rossié war es, als hätte er sein Kind verloren. »Ich habe ihn natürlich nicht wirklich verloren, aber er war nicht mehr jeden Tag da. Ich hatte sein Schulleid nicht mehr, ich hatte ihn nicht mehr da.«

Was Michael Rossié direkt nach der Trennung von Frau und Kind nicht wusste: Er sollte mit seinem Sohn in den kommenden Jahren die ganze Welt bereisen, Vater und Sohn zogen viel später zusammen und gründeten eine Männer-WG. »Ich war mit meinem Sohn am Grand Canyon, wir waren in Kuba, wir waren in Island, wir haben Wale gesehen, wir haben 27 Wale vor Vancouver Island gesehen. Das vergisst man im ganzen Leben nicht. Ich habe seine erste Freundin miterlebt, wie die bei uns übernachtet hat, ich habe ihm jeden Tag zweimal warm gekocht. Im Nachhinein ist das die glücklichste Zeit meines Lebens gewesen, obwohl die Situation aus der schwersten Krise hervorgegangen ist.« Auch im Leben von Michael Rossié bestätigte sich der alte Spruch: Nichts ist so schlecht, als dass nicht auch etwas Gutes dabei wäre.

## »Ich habe die erste Zeit beim Therapeuten nur geheult.«

Doch erst einmal war der Kummer groß. So sehr der Schauspieler sich freuen kann, so sehr kann er auch leiden. In seinem Schmerz ging der Wahlmünchner einen – für die damalige Zeit – ungewöhnlichen Schritt: Er suchte sich einen Therapeuten. Dort konnte er seinen Emotionen freien Lauf lassen. »Ich habe die erste Zeit beim Therapeuten nur geheult. Irgendwann sagte ich mir, das kann so nicht weitergehen, die Therapiestunden sind teuer. Also habe ich vor der Therapie eine Stunde geheult, bin dann zum Therapeuten und habe danach wieder geweint.« Tränen fließen zu lassen ist bis heute ein bewährtes Rezept für Michael Rossié, mit Kummer jeder Art fertigzuwerden. »Ich glaube, Männer weinen viel zu wenig. Wenn ich Wochen nicht geweint habe, dann merke ich das. Wenn ich eine Demonstration im Fernsehen sehe und mir schießen die Tränen in die Augen, dann weiß ich, das ist jetzt zu lang gewesen ohne Tränen. Dann weine ich ganz bewusst.« Natürlich kennt der Schauspieler die richtige Technik, um »ganz bewusst« zu weinen. »Ich atme zweimal tief durch und dann heule ich mir eins. Ein Lied von Reinhard Mey oder von Simon and Garfunkel im Radio eignet sich wunderbar, die Tränen laufen zu lassen. Und danach bin ich verhältnismäßig relax.« Vielleicht ist es diese entspannte Art, mit Emotionen umzugehen, die Michael Rossié so liebenswürdig macht.

Weinen allein hilft in Krisenzeiten natürlich nicht. Deshalb würde Michael Rossié im Zweifelsfall sofort wieder zu einem Therapeuten

> Ich glaube, Männer weinen viel zu wenig

gehen und rät dies auch jedem anderen. »Man kann sich nicht am eigenen Schopf da rausziehen. Und manchmal muss dir jemand unangenehme Wahrheiten sagen, die du nicht hören willst. Hilfe ist ganz wichtig. Dein Auto reparierst du auch nicht selber, wieso solltest du dann deine Seele alleine reparieren?«

## »Je mehr ich gekämpft habe um die Ehe, desto kleiner habe ich mich gemacht.«

Michael Rossié hat aus den zehn härtesten Jahren seines Lebens viel gelernt. Heute ist er in zweiter Ehe glücklich verheiratet, hat mit seiner attraktiven Frau Barbara einen zweiten Sohn. Er weiß, dass seine erste Ehe nicht allein an den materiellen Wünschen seiner Geschiedenen gescheitert ist. Sondern auch daran, dass er sich stark verändert hatte.

> Je mehr ich gekämpft habe um die Ehe, desto kleiner habe ich mich gemacht

»Je mehr ich gekämpft habe um die Ehe, desto kleiner habe ich mich gemacht. Ich war nicht mehr der große Held, den sie mal haben wollte, sondern so ein kleiner Hausmeister, der jeden Tag was repariert und sich jeden Tag um kleinen Scheiß kümmert.« Veränderungen dieser Art beobachtet er häufig in seinem Bekanntenkreis. Menschen verändern sich, wenn sie in eine Beziehung gehen. »Nehmen wir an, du bist mit einer supertollen, attraktiven, selbstbewussten Frau zusammen. Und sobald du mit ihr verheiratet bist, wird sie zum Mäuschen, die dich dauernd fragt, was du willst. Die dauernd ihre Wünsche deinen unterordnet, und irgendwann bekommst du so ein kleines Hausmütterchen. Irgendwann sagst du, die habe ich nicht geheiratet.« Heute ist es Michael Rossié wichtig, dass er sich selbst treu bleibt, denn er hat erkannt: »Du kannst um den anderen nicht kämpfen. Wenn du um den anderen kämpfst, ist es eigentlich schon zu Ende. Ich kann darum kämpfen, in meinem Kopf die Beziehung anders zu sehen, ich kann darum kämpfen, das Glück zu finden, ich kann darum kämpfen, etwas für eine Beziehung zu tun, Zeit miteinander zu verbringen.«

Michael Rossié arbeitet an sich selbst. Das ist etwas anderes, als wenn man sich ändert, um dem anderen zu gefallen. Er hat ein einfaches, aber einleuchtendes Beispiel parat. »Meine Frau Barbara hat wunderschöne lange braune Haare. Manchmal spielt sie so mit diesen Haaren, und dann gucke ich sie an und denke: Mein Gott, wie hast du so eine schöne Frau verdient? Es gibt aber auch Tage, da komme ich nach Hause und sie dreht die Haare um den Zeigefinger und ich denke: Wenn sie jetzt nicht sofort aufhört, diese Haare um den Zeigefinger, zu drehen, dann schrei ich. Es ist dieselbe Frau. Das Problem bin ich. Das heißt, wenn Arbeit an einer Beziehung ansteht, dann ist das Arbeit an mir.« Das bedeutet für Michael Rossié, sich selbst besser kennenzulernen. Wenn ihn seine Partnerin oder sein Sohn wütend oder melancholisch machen, zieht er sich zurück. Nicht weil er beleidigt ist, sondern weil er herausfinden will, welche Knöpfe bei ihm gedrückt wurden. Meistens findet er Parallelen zu Erlebnissen, die er schon einmal durchlebt hat und die schon einmal sehr geschmerzt haben. »Wenn man keine 15 mehr ist, hat man ja schon mehrere Beziehungen gehabt, das heißt, man hat schon mehrere Wunden davongetragen. Und wenn diese Wunden von jemand anderem berührt werden, dann schreit man übermäßig ›aua‹, obwohl es eigentlich objektiv gesehen gar nicht so wehgetan hat.«

Wenn Michael Rossié mehr über den Ursprung des Schmerzes herausgefunden hat, kann er darüber sprechen. Dann ist ein entspannter Austausch möglich – ohne den anderen im Gegenzug auch zu verletzen.

## Positive und negative Emotionen gehören zusammen

Was für Michael Rossié nie infrage käme: sich zurückziehen und die Emotionen unter den Teppich kehren. Oder sich von allen Gefühlen abschneiden, um nicht mehr verletzt zu werden. »Ich habe vor kurzer Zeit ein Video im Internet gesehen von der Psychologin Brené Brown, und die hat sich geärgert über die negativen Emotionen, die sie hatte. Sie hat versucht, alle negativen Emotionen abzuschneiden. Und sie hat etwas ganz Erstaunliches gemerkt: Man kann nur *alle* Emotionen abschneiden. Wenn du die negativen Emotionen wegnimmst, dann verschwinden die positiven auch.« Im Umkehrschluss heißt das: Wer positive Gefühle erleben will, muss bereit sein, auch Kummer und Leid zu tragen.

Nach der Scheidung beschäftigte sich Michael Rossié mit dieser Frage, denn für ihn war klar: »Wenn du dich verliebst, wirst du irgendwann weinen, Kummer haben, du wirst dich übergeben, du wirst körperliche Schmerzen haben. Es kann sich danach wieder legen, aber in dem Moment, in dem du dich verliebst, kaufst du negative Sachen schon mit.« An diesem Punkt muss jeder für sich entscheiden, welchen Weg er einschlägt. Geht er das Risiko nochmals ein, nach einer Phase des Verliebtseins wieder verletzt zu werden? Oder verzichtet er sowohl auf die Liebe als auch auf die Verletzungen? Für Michael Rossié war die Entscheidung schnell gefällt. »Nach meiner Scheidung habe ich mich gefragt, was soll denn da noch kommen? Schlimmer wird's nicht mehr. Und das hat mir einen enormen Schub gegeben. Verlieben war gar kein Problem mehr. Weil es klar war für mich, sie wird mich enttäuschen, aber deswegen sagen: ›Nein, ich fang nichts mehr an oder ich verliebe mich nicht mehr‹, nein, das wäre nichts für mich. So tief wie bei der Scheidung ist es auch seitdem nicht mehr runtergegangen und toi, toi, toi, hoffe ich auch, dass es nicht mehr so weit runtergeht.«

## »Du musst lernen, dass du alleine bist.«

Liebe mit allen positiven und negativen Konsequenzen ist eine Erkenntnis, die Michael Rossié für sich gewonnen hat. An sich selbst arbeiten, aber sich nicht dem anderen zuliebe ändern, ist eine weitere. Es gibt noch eine, die sich im ersten Moment ziemlich fatalistisch anhört. »Die wichtigste Erkenntnis meines Lebens ist, dass du lernen musst, dass du alleine bist. Du bist alleine. Du bist unter Menschen, du bist verheiratet, hast Familie, du hast Eltern, aber im Prinzip bist du alleine. Und du musst erst mal mit dir alleine zurechtkommen.« Diese Sätze wollen nicht recht zu diesem lebensfrohen Mann passen, denn »allein zu sein« hört

Die wichtigste Erkenntnis meines Lebens ist, dass du lernen musst, dass du alleine bist

sich nach Einsamkeit, Resignation, Tristesse an. Doch Michael Rossié sieht auch hier viel Himmelblaues. »Wenn du begriffen hast, dass du im Grunde deines Lebens alleine bist, bei dir bist, dann kannst du den Kopf gradehalten und rumgucken und sagen: Wer steht denn da alles? Wer ist denn da alles? Da ist eine tolle Frau, da ist ein tolles Kind, da ist ein toller erster Sohn, da ist eine tolle Mutter. Aber du musst erst mal begreifen: Ich bin alleine, und das ist eine schwierige Erkenntnis, weil man sich mit 25 noch vorstellt, man findet einen Menschen zum Verschmelzen. Man geht miteinander in die Kiste, um so ineinander-zukriechen, dass es ein Knäuel gibt, aus dem man nicht mehr raus-kommt. Und mit 35, 45 weiß man, das ist keine gute Idee. Verschmel-zen für Augenblicke, aber ansonsten musst du dafür sorgen, dass du ein Mensch bist mit Bedürfnissen, die andere akzeptieren, musst Grenzen setzen, musst wissen, was du willst. Du darfst dich nicht vereinnahmen lassen, du darfst dich nicht für andere verwirklichen, sondern du musst ein Stück dich selber lieb haben. Akzep-tiere, dass du allein bist. Das tut manchmal weh, aber das ist ein guter Startpunkt, um auf andere zuzugehen und zu sagen: ›Wer bist du denn jetzt eigentlich?‹«

*Heute ändere ich die Dinge, die mich besonders ärgern, und nehme das an, was ich nicht ändern kann*

Wenn man Michael Rossié zuhört und erlebt, könnte man glauben, er war schon immer bei sich. Er war bereits in der Tanzschule der, der alle elegant aufs Parkett geführt hat. Doch dieser Ein-druck täuscht. »Mit den hübschen Mädels habe ich nicht geredet, da war ich zu schüchtern. Da habe ich lieber, wenn es irgend-wie ums Tanzen ging, eine Hässlichere aufgefordert, weil ich dachte, die sagt bestimmt nicht Nein.« Auch Jahre später fehlt das gesunde Selbstvertrauen noch. »Als ich ein junger Schauspieler war, habe ich drei Tage Anlauf gebraucht, um eine Filmproduktion anzurufen. Ich wollte fragen, ob sie junge Männer brauchen. Was sagt die? ›Ja, privat schon!‹ Ich werde puterrot, stottere irgendwas und lege auf. Das war mein erster Anruf bei der Filmproduktion.« Glücklicherweise beließ er es dabei nicht. Michael Rossié arbeitete mit sich, an sich und an seiner Einstellung zum Leben. Heute ändert er die Dinge, die ihn besonders ärgern, und nimmt das an, was er nicht ändern kann. Er ist angekom-men. Bei sich selbst. Das ist wohl das Geheimnis seiner Ausstrahlung.

## Das Wichtigste zur Lebensfreuderegel 4:
## Nimm an, was du nicht ändern kannst

♫ Stellen Sie regelmäßig fest, was Ihnen Ihr Leben schwer macht. Worüber ärgern Sie sich häufig? Wenn Sie die Möglichkeit haben, diese Ärgernisse zu eliminieren, dann tun Sie es. Oft nimmt man negative Zustände hin, weil man es so gewohnt ist. Machen Sie sich bewusst, wie viel Energie und Lebensfreude unnötiger Ärger frisst. Und dann ändern Sie etwas.

♫ Wenn Sie Dinge nicht ändern können, dann ändern Sie Ihre Einstellung dazu und nehmen Sie diese Dinge an.

♫ Ändern Sie sich nicht, um anderen zu gefallen. Aber arbeiten Sie an sich selbst, wenn Sie in einer Beziehung etwas verändern möchten, wenn Sie verstehen wollen, warum Sie reagieren, wie Sie reagieren. Das ist der sicherste Weg, um positive Veränderungen herbeizuführen.

♫ Bauen Sie auf sich selbst. Werden Sie sich Ihrer selbst bewusst. Dann können Sie für Ihr eigenes Glück sorgen und machen keinen anderen dafür verantwortlich. Es ist Ihr Job, sich zu lieben und für Zufriedenheit zu sorgen.

# Lebensfreuderegel 5:
## Nimm dir das größte Stück vom Glück

»Ich bin ein rundherum glücklicher Mann.« Dieser Satz hat sich in mein Hirn eingebrannt, denn obwohl ich von vielen Menschen umgeben bin, denen es eigentlich richtig gutgeht, hat noch nie jemand einen solchen Satz in meiner Gegenwart rausgehauen. Dieser Satz kam aus dem Mund eines 69-jährigen Mannes, dem auf den ersten Blick die Zufriedenheit nicht aus allen Poren strahlte. Aber hinter der etwas rauen Schale verbarg sich offensichtlich sehr viel Lebensfreude. Einen ganzen Tag durfte ich mit diesem Mann verbringen, der mich nicht nur mit diesem Satz »Ich bin ein rundherum glücklicher Mann« sehr beeindruckte.

Hans-Uwe L. Köhler – einer der großen Vortragsredner in Deutschland – hatte für eine Handvoll Anfänger in der Speakerszene einen Workshop zugesagt. Den ganzen Sonntag spendete er uns seine Aufmerksamkeit, teilte mit uns sein Wissen und seine Lebenseinstellungen und sprudelte vor Energie und Kreativität. Und »spendete« meine ich wortwörtlich, denn er machte diesen Workshop kostenlos für uns. Dieser Mann hinterließ bei der ganzen Gruppe tiefen Eindruck, wie er die 69 Jahre seines Lebens sehr erfolgreich, aber auch sehr menschlich gegangen war. Gleich am Anfang des Tages sagte er diese Worte: »Ich bin ein rundherum glücklicher Mensch. Alles, was mich in meinem Leben nicht glücklich macht, muss weg.« Und so erzählte er, wie er in jungen Jahren – gerade Vater geworden – seine Festanstellung kündigte, um sich selbstständig zu machen. Mit wenig Geld, aber mit umso mehr Mut und vor allem dem absoluten Willen, es zu schaffen.

Um seinen eigenen Weg so gehen zu können wie Hans-Uwe L. Köhler, muss man sich ohne schlechtes Gewissen das größte Stück vom Glück nehmen können. Bescheidenheit oder anderen den Vortritt lassen, wie es viele in der Kindheit gelernt haben, wäre hier völlig fehl am Platze. Leider glauben viele, dass ihnen das größte Stück vom Glück (oder auch nur ein kleines) gar nicht zustehe. Oder sie empfinden einen Satz wie den von Hans-Uwe L. Köhler »Alles, was mich in meinem Leben nicht glücklich macht, muss weg« als Gipfel des Egoismus.

Dabei übersehen sie völlig: Nur wer sich selber glücklich macht, ist in der Lage, andere glücklich zu machen. Letztendlich ist das nichts anderes als das biblische Gebot der Nächstenliebe. »Liebe Deinen Nächsten wie dich selbst.« Um den anderen lieben zu können, muss man sich selbst lieben können. Und mit dem Glücklichmachen funktioniert es genauso. Doch dieses »Sich-selbst-glücklich-Machen« haben viele nicht gelernt. Und wenn man es nie gelernt hat, gehört eine gehörige Portion Mut dazu, sich von allem, was einen nicht glücklich macht, zu verabschieden. Denn das bedeutet, vorübergehend auf Sicherheit oder Anerkennung oder sogar auf die Liebe bestimmter Menschen zu verzichten. Erstaunlicherweise kenne ich aber keinen und habe auch nie von einem gehört, der es im Nachhinein bereut hat, wenn er seine Träume – oft nach vielen Jahren des Zweifelns – endlich umgesetzt hat. Doch um das tun zu können, muss man erst mal wissen, was einen wirklich glücklich macht.

## Ich bin ein rundherum glücklicher Mensch! Sie auch?

Wie oft haben Sie diese Worte von anderen Menschen schon gehört? Haben Sie sie vielleicht selbst schon einmal ausgesprochen? Vermutlich nicht, sonst würden Sie dieses Buch nicht in Händen halten. Versuchen Sie es doch jetzt einfach mal. Sagen Sie laut: »Ich bin ein rundherum glücklicher Mensch.« Was macht das mit Ihnen? Bringen Sie diese Worte problemlos über die Lippen? Oder bekommen Sie ein merkwürdig enges Gefühl im Hals oder im Bauch? Regt sich bei Ihnen so etwas wie »Das habe ich gar nicht verdient«? Wenn es so sein sollte, dann werden Sie weiter unten einen Weg finden, wie auch Sie bald problemlos solche Sätze denken und sagen können. Und wenn

Sie wissen, was Sie glücklich macht, ist der Schritt, Ihre Wünsche zu formulieren und einzufordern, nicht mehr ganz so groß.

Dieses »rundherum glücklich« von Hans-Uwe L. Köhler war auch deshalb so erstaunlich für mich, weil ich diese Worte an diesem Wochenende schon einmal gehört hatte. Bereits am Vorabend war ich diesem schönen Satz begegnet.

## Glück am Dessertbüfett

Cemal konfrontierte mich mit der Frage »Bist du rundherum glücklich?« in einem Moment meines Lebens, in dem ich vom Zustand des »Glücklich-Seins« Lichtjahre entfernt war. Ich war gesundheitlich angeschlagen, hatte zu lange zu viel verdrängt, war mit sehr viel Arbeit zugepflastert und war nun körperlich und seelisch müde und ausgelaugt. In dieser Situation lernte ich Cemal kennen. Auf der Jahresversammlung der German Speaker Association. Das ist die größte Vereinigung für Speaker, Coaches und Trainer im deutschsprachigen Raum. Wir wurden einander vorgestellt, als wir während des Galaabends am Dessertbüfett standen. Unsere Leidenschaft für Süßes verband uns sofort.

Cemal schrieb zu dieser Zeit gerade an einem Buch, in dem er über viele schöne Gedanken sinnierte. Es waren 52 Gedanken – für jede Woche des Jahres einen. Für jeden Gedanken sollte es einen »Paten« geben. Einen Menschen aus seinem engsten Freundeskreis, der sich aus den 52 Gedanken »seinen« Lieblingsgedanken pickt und für das Buch ein paar eigene Gedanken dazu niederschreibt. Es war für mich eine große Ehre, dass mich Cemal kaum 48 Stunden nach unserem Kennenlernen fragte, ob auch ich einen Gedanken »adoptieren« wollte. Noch auf dem Heimweg von der Jahresversammlung fing ich im Zug an, Cemals Geschichten zu lesen, die er mir per Mail geschickt hatte.

Und ein Gedanke tat es mir besonders an. Die Geschichte mit der Frage, ob man uneingeschränkt glücklich sei. Ich empfand diese Frage als unangemessen. Als frech. Fast dreist. Als würde man das Schicksal herausfordern, nach den Sternen greifen. Wie kann man im Leben den Anspruch haben, uneingeschränkt glücklich sein zu wollen? Da bekam ich ein ganz schlechtes Gefühl im Bauch. Denn irgendwie bin ich wohl mit der Einstellung großgeworden, dass man nicht allzu viel vom Schicksal erwarten dürfe, sonst würde man »bestraft«. Ich weiß nicht genau, woher diese Meinung kommt. Ich weiß auch nicht, ob ich schon als Kind so dachte, aber nun merkte ich deutlich, dass mir diese Frage ein mulmiges Gefühl verursachte. Aber in diesem Gefühl verbarg sich auch etwas anderes. Neugierde. Neugierde, etwas finden zu wollen, was ich bislang nicht kannte. Diese Mischung aus Furcht und Neugierde hatte für mich eine riesengroße Anziehungskraft. Am besten lässt es sich mit dem Gefühl vergleichen, wenn man im Zoo oder bei einer Tierschau vor einer riesigen Schlange steht und aufgefordert wird, sie anzufassen. Irgendwie hat man Bammel vor dem Tier, doch der Reiz, einmal so eine Schlangenhaut anzufassen, hält einen am Platz. Und so erging es mir bei der Frage, ob ich rundherum glücklich sei. Die Frage war nun: Traute ich mich, die Schlange anzufassen, oder sollte ich lieber ein paar Schritte zurückweichen und mich weiterhin von meiner Furcht beherrschen lassen? Es gibt Momente im Leben, da kann man das »Unbekannte«, das Angst und Neugierde auslöst, verdrängen. In den letzten Winkel des Bauches. So lange, bis das Gefühl so leise geworden ist, dass man es nicht mehr hört. Oder glaubt, es nicht mehr zu hören. Aber es gibt eben auch Momente, in denen ist man hellhörig genug, dem Gefühl zuzuhören und ihm Beachtung zu schenken.

Bei mir war der Zeitpunkt gekommen, dem Gefühl Aufmerksamkeit zu schenken.

## Glück versus Zufriedenheit

Das Wort »Glück« ist seit einigen Jahren Dauerbrenner in allen Medien. Es gibt unzählige Glücksratgeber, Glückscoaches, und irgendwie wird einem ständig suggeriert, das Leben müsse ein einziger großer Glücksmoment sein, sonst habe man Gravierendes falsch gemacht. Ich selbst hatte für mich schon länger klar zwischen Glück und Zufriedenheit getrennt. Glück als etwas definiert, das man nicht beeinflussen kann. Etwas, das von außen kommt. Lotto ist nicht umsonst ein Glücksspiel. Man kann nichts dafür tun, außer man gibt seinen Lottoschein ab. Aber selbst dann ist die Chance auf das Glück eins zu vielen Millionen. Zufriedenheit dagegen kann man von innen generieren. Dafür kann man aktiv etwas machen. Und es ist – im Gegensatz zum Glück – in der Regel auch länger andauernd. Auf mein Bestreben wird an der Hochschule Koblenz zum Thema »Zufriedenheit« geforscht. Denn während die Glücksforschung ganz aktiv ist, gibt es zur Zufriedenheitsforschung fast nichts. Das liegt aber wohl auch daran, dass die Worte »Glück« und »Zufriedenheit« ständig mit der gleichen Bedeutung belegt werden. Oder wie mir mal jemand auf meinen Blog auf meiner Internetseite schrieb: »Das, was früher Zufriedenheit war, ist heute Glück. So was wie Zufriedenheit 2.0 also.«

Meine Aufmerksamkeit lag also auf Zufriedenheit. Wohl wissend, dass »zufrieden« in unserer Gesellschaft so etwas wie das Wort »nett« bedeutet. Ein Freund sagte einmal zu mir, »nett« sei die kleine Schwester von »scheiße«. Und so ähnlich verhält es sich in einer Welt, die vor Superlativen nur so strotzt, auch mit dem Wort »Zufriedenheit«. Keiner will zufrieden sein, jeder will megaturbosuperwahnsinnshammermäßig glücklich sein.

An diesem Sonntag, an dem mir das »rundherum glücklich« begegnete, war mein Zustand von »zufrieden« weit entfernt. Ich steckte mitten in einer Krise, in der ich mich meinen negativen Gefühlen hingab und nicht mehr in der Lage war, die Sonnenseite des Lebens zu sehen. Doch dieses Wochenende, an dem ich mit dem Glück konfrontiert wurde, änderte einiges in meinem Leben. Am Sonntagvormittag, als ich den Worten von Hans-Uwe L. Köhler »ich bin ein rundherum glücklicher Mann« begegnete, dachte ich nur: »Wie beneidenswert.« Aber diese Worte schlugen wie kleine Samen Wurzeln in meinem Kopf und in meiner Seele. Denn abends im Zug war ich sehr begierig, mehr über die Gedanken, die Cemal in seinem Buch formulierte, zu erfahren. Vor allem sprangen mich die Fragen »Was fehlt dir, um uneingeschränkt glücklich zu sein?« und »Was macht dich bereits uneingeschränkt glücklich?« geradezu an.

Auf der langen Heimfahrt durch die Nacht befasste ich mich erst mal mit diesem für mich fremden Hirngespinst, »rundherum glücklich sein zu wollen«. Und in meinem Kopf liefen die widersprüchlichsten Gedanken ab. Wie soll das gehen? Das geht ja gar nicht! Das wäre ziemlich vermessen. Der Anspruch ist zu hoch. Das lässt sich nicht verwirklichen. Und so weiter und so fort.

## Hindernisse bestehen nur in meinem Kopf

Als ich am sehr späten Abend in Mainz aus dem Zug stieg, hatte sich ein anderer Gedanke über alle gelegt: »Warum eigentlich nicht?« Warum sollte man nicht uneingeschränkt glücklich werden können? Sicherlich nicht für immer, aber vielleicht doch phasenweise? Es war merkwürdig, denn allein beim Denken des Gedankens, vielleicht irgendwann mal uneingeschränkt glücklich sein zu können, spürte ich ein leichtes Lächeln auf meinen Lippen, und mein Koffer fühlte sich längst nicht mehr so schwer an wie zu Beginn der Reise.

Am nächsten Tag ging ich raus in die Natur. Nicht joggen. Nur spazieren. Ganz langsam. Ich war durch die Krise, in der ich auch gesundheitlich ziemlich angeschlagen war, noch nicht wieder so bei Kräften, als dass ich hätte schnell laufen können. Während des Spaziergangs stellte ich mir die Fragen »Was fehlt?« und »Was hast du schon, was dich glücklich macht?«. Und immer mehr wurde der Gedanke laut und groß, dass es ganz und gar nicht vermessen ist, rundherum glücklich sein zu wollen. Dass das eigentlich im Streben aller liegen müsste. Warum kleine Brötchen backen? Warum sich mit weniger als »rundherum glücklich« zufriedengeben? Immer wohl wissend, dass »rundherum glücklich« kein Dauerzustand ist. Keiner sein kann. Aber wie herrlich ist es, wenn man ab und zu und vielleicht irgendwann auch mal häufiger von sich sagen kann, man sei rundherum glücklich?

## ÜBUNG: So klappt es auch mit dem Glück

Wenn auch Sie bislang vor zu viel Glück zurückgewichen sind, aber gerne ausprobieren würden, wie sich ein »rundum glücklich« anfühlen könnte, haben Sie in der folgenden Übung Gelegenheit dazu. Beantworten Sie die Fragen ohne langes Überlegen aus dem Bauch heraus:

1. Stellen Sie sich eine Skala vor zwischen 1 und 10. 1 bedeutet, Sie wissen gar nicht, wie Sie »rundum glücklich« werden können. 10 bedeutet, Sie wissen es ganz genau. Wo würden Sie sich im Moment einstufen?

 

| 1 | 5 | 10 |

Skala »rundum glücklich«

Kreuzen Sie die Stelle an, an der Sie sich aktuell befinden.

2. Was haben Sie bislang getan, um auf diese Stelle (nehmen wir mal an, es ist die 3) zu kommen? Warum sind Sie dort und nicht auf der 1? Sollten Sie die 1 angekreuzt haben, stellen Sie sich die Frage, ob es wirklich nicht einen einzigen Bereich in Ihrem Leben gibt, in dem Sie richtig glücklich sind. Wirklich keinen einzigen? Ich bin mir sicher, Sie finden einen Bereich in Ihrem Leben, in dem es Ihnen gutgeht. Und das ist dann schon ein Anfang.

*Frage: Was haben Sie bisher getan, um auf diese Stelle der Skala zu kommen?*

..............................................................................................................

..............................................................................................................

..............................................................................................................

........................................................................................

........................................................................................

........................................................................................

3. Stellen Sie sich jetzt vor, Sie wären einen Schritt weiter (also nicht mehr auf der 3, sondern auf der 4). Woran würden Sie das bemerken? Lassen Sie sich Zeit bei der Beantwortung der Fragen. Gehen Sie in sich und hören Sie gut zu, welche Antworten in Ihnen stecken. Geben Sie sich nicht zu schnell mit Antworten zufrieden. Fragen Sie sich selbst immer wieder: »Noch was?« Kommt noch was? Woran würden Sie es bemerken, wenn Sie einen Schritt weiter wären?

*Frage: Stellen Sie sich vor, Sie wären einen Schritt weiter auf der Skala. Woran würden Sie das bemerken? Notieren Sie es hier:*

........................................................................................

........................................................................................

........................................................................................

........................................................................................

........................................................................................

........................................................................................

4. Angenommen, Sie wären noch einen Schritt weiter (also jetzt auf der 5), woran würden Sie es bemerken? Was wäre anders als auf der Stufe davor? Beantworten Sie auch diese Frage mit viel Ruhe. Denn die Antworten sind Ihre Lösungen.

Achten Sie bitte darauf, dass Sie Antworten finden, die die »Anwesenheit von etwas« beschreiben und nicht die »Abwesenheit«. Wenn Sie also antworten würden, »ich wäre dann nicht mehr so angespannt«, fragen Sie sich selbst, was stattdessen wäre. Oft deutet ein »nicht« in Ihren Antworten auf eine »Abwesenheit von etwas« hin. Man wünscht sich, dass etwas weg sei. Damit kommen Sie Ihren Lösungen nicht näher. Sie müssen wissen, was vorhanden sein soll. Besser fragen Sie sich: »Wenn ich nicht mehr so angespannt wäre, was wäre stattdessen da?«

*Frage: Angenommen, Sie wären noch einen Schritt weiter auf der Skala, woran würden Sie es bemerken?*

..............................................................................................................

..............................................................................................................

..............................................................................................................

..............................................................................................................

..............................................................................................................

..............................................................................................................

5. Gehen Sie auf der Skala immer einen Schritt weiter, indem Sie sich immer die gleiche Frage stellen. Das Ziel ist die 10. Vielen reicht aber bereits die 7 oder die 8. Weil sie dann ausreichend Erkenntnisse für sich gefunden haben. Sie können sich diese Fragen wunderbar selber stellen, wenn Sie es gewohnt sind, sehr ehrlich zu sich selbst zu sein. Manche Menschen beschummeln sich selbst, weil es leichter ist, als der Wahrheit in die Augen zu schauen. Dann lassen Sie sich besser von einer guten Freundin / einem guten Freund befragen. Und schreiben Sie hier auf, woran Sie es bemerken würden, wenn Sie einen Schritt und noch einen und noch einen weiter wären auf der Skala.

........................................................................................................................

........................................................................................................................

........................................................................................................................

........................................................................................................................

........................................................................................................................

........................................................................................................................

........................................................................................................................

........................................................................................................................

........................................................................................................................

Seit diesem Spaziergang beschäftige ich mich selbst immer wieder mit diesen Fragen. Und dasselbe kann ich Ihnen auch empfehlen: Hören Sie immer wieder in sich rein, was Sie brauchen, um rundherum glücklich zu sein oder um es zu werden, und versuchen Sie, Ihre Antworten umzusetzen. Das ist nicht ganz leicht, denn die Zäune, die einen lange Zeit von diesen Gedanken abgehalten haben, sind oft sehr hoch. Aber auch in kleinen Schritten kommt man ans Ziel. Nehmen Sie sich einmal in der Woche eine kurze Auszeit von zehn bis fünfzehn Minuten. In dieser Zeit beschäftigen Sie sich in aller Ruhe mit dieser Frage: »Bin ich rundherum glücklich, und wenn nicht, was fehlt?«

Wenn Sie diesen Gedanken regelmäßig »bearbeiten«, werden Sie schnell auf Ihrem persönlichen »Weg zum Glücklichsein« vorankommen. Wenn Sie wissen, was Sie brauchen, um rundherum glücklich zu sein, sorgen Sie dafür, dass Sie es bekommen. Aber warten Sie nicht darauf, dass es Ihnen irgendjemand (der Partner, die Partnerin, der Chef, Freunde, das Schicksal) vorbeibringt. Dann warten Sie vermutlich ewig. Tun Sie selbst etwas dafür. Formulieren Sie das, was Sie brauchen, nennen Sie Ihre Wünsche. Schreiben Sie sie auf und sprechen Sie sie laut aus. In erster Linie sind Sie selbst Ihr bester Wunscherfüller, aber auch die Menschen in Ihrem System können Wünsche besser erfüllen, wenn sie sie kennen. Haben Sie den Mut, sich das größte Stück vom Glück zu nehmen. Denn es steht Ihnen zu.

Dieses Wochenende und die Begegnung mit diesen beiden außergewöhnlichen Männern haben bei mir viel verändert. Den Gedanken, »rundherum glücklich« sein zu wollen sei etwas Anrüchiges und man fordere mit diesem Wunsch das Schicksal heraus, hatte ich nie wieder. Heute denke ich: Es ist ein richtig gutes Ziel im Leben, »rundherum glücklich« werden zu wollen, und man sollte nie aufhören, danach zu streben.

## Das Wichtigste zur Lebensfreuderegel 5:
## Nimm dir das größte Stück vom Glück

♫ Sprechen Sie den Satz »Ich bin ein rundherum glücklicher Mensch« laut aus. Was macht das mit Ihnen? Fühlt es sich falsch an? Dann überlegen Sie sich, ob Sie es in Ihren Augen verdient haben, rundherum glücklich zu sein.

♫ Wenn Sie zu dem Schluss kommen, dass Sie rundherum glücklich sein wollen, dann finden Sie heraus, was Sie dafür brauchen. Die Übung weiter oben zeigt Ihnen, wie Sie mehr über Ihre Wünsche und Bedürfnisse erfahren.

♫ Wenn Sie Ihre Bedürfnisse erkannt haben, setzen Sie sie Schritt für Schritt um. Bringen Sie sie ins Leben. In Ihr Leben. Beginnen Sie mit den kleinen Dingen, die Sie glücklich machen. Sie möchten mehr Zeit für sich? Welche Schritte müssen Sie gehen, um sich diesen Wunsch zu erfüllen? Vielleicht beginnen Sie damit, sich einmal wöchentlich eine Stunde nur für sich in Ihren Terminkalender einzutragen. Auf diese Weise können Sie an der Umsetzung Ihrer Wünsche konkret arbeiten.

# Lebensfreuderegel 6:
# Feiere deine Erfolge

© Michael Link

Anja Gockel, Jahrgang 1968, ist Mode-Designerin. Anfang 2017 wurde sie zur Designerin des Jahres gewählt. Sie wohnt mit ihrer Familie (zwei der vier Kinder leben noch zu Hause) in Mainz.

Anja Gockel wollte immer Kinder und Karriere. Von ihrer Familie hat sie in ihrem Leben am meisten gelernt – vor allem, wie man das Leben genießt. Ihr Mann Rainer, Kulturredakteur beim Fernsehen, ist wichtigster Partner zum Reflektieren und Krafttanken.

## Anja Gockel: »Wenn ich irgendwo bin, dann bin ich dort stets mit meinem ganzen Herzen und meiner Seele.«

Eigentlich passt sie da nicht rein. In diese oberflächliche, glänzende, schillernde Modewelt. Denn Anja Gockel ist nichts von alldem. Wenn man ihr beim Bäcker oder in der Apotheke begegnet, erkennt man sie auf den ersten Blick gar nicht. Denn in Jeans und T-Shirt hat sie nichts gemein mit der glitzernden Designerin, die seit über zwanzig Jahren in der Modebranche erfolgreich ist.

Doch auch wenn Schönheit ihr Metier ist, so ist es Oberflächlichkeit nicht. Das bedeutet, man muss viel Zeit und Geduld mitbringen, wenn man Anja Gockel sprechen möchte, denn sie schafft es zu einem Termin selten pünktlich. Das liegt zum einen an ihrem übervollen Terminkalender, aber vor allem liegt es daran, dass Anja Gockel keine halben Sachen mag. »Ich erlebe so viele tolle Episoden in meinem Leben, die einzeln gesehen alle wundervoll sind, und ich bin unglaublich dankbar dafür, sie überhaupt erleben zu dürfen. Jedoch werden sie in der Masse manchmal einfach zu viel. Ich bin ein emotionaler Mensch, das bedeutet, wenn ich irgendwo bin, dann bin ich dort stets mit meinem ganzen Herzen und meiner Seele.« Und das führt eben dazu, dass am Ende immer zu wenig Zeit für so viel Tiefe zur Verfügung steht. »Die Tiefe ist das, wo ich mich wohlfühle. Alles, was so ganz dicht an der Oberfläche ist, das macht mir keinen Spaß. Dadurch komme ich schnell ins Schleudern, rein zeitlich gesprochen, und dieses Schleudern kann dann verhindern, dass ich das Schöne im Leben sehe, und führt dazu, dass ich mich dadurch gehetzt fühle.«

**Die Tiefe ist das, wo ich mich wohlfühle. Alles, was dicht an der Oberfläche ist, macht mir keinen Spaß**

Doch Anja Gockel weiß mittlerweile, was sie tun muss, um die Ruhe nicht zu verlieren. »Ich habe einmal von einem balinesischen Heiler den Tipp bekommen, in solchen Situationen tief einzuatmen, die Kraft festzuhalten und anschließend wieder tief auszuatmen. Wenn ich mich gehetzt fühle, versuche ich, irgendwo hinzugehen und das kurz zu machen. Das ist dann für mich, als hätte man meine Rückstelltaste betätigt, und ich kann wieder von vorne beginnen.«

Bali ist der bevorzugte Rückzugsort der Designerin und ihrer Familie. Dort kann sie abschalten und auftanken. Dort hatte sie ihre erste Begegnung mit einem Heiler, der ihr in einem Moment der extremen inneren Zerrissenheit und Nervosität den Frieden zurückbrachte. »Diese Behandlung war extrem schmerzhaft, sodass mir fast die Tränen aus den Augen geschossen sind. Nach diesen zwanzig Minuten in brüllender Hitze auf Balis Straßen war meine Sicht auf das Leben komplett geändert.« Doch die Schmerzen der Behandlung hat sie gern ertragen, denn sie hat zwei entscheidende Erkenntnisse daraus gezogen.

Überhaupt kann Anja Gockel mit Leiden gut umgehen. Sie nimmt das Wort »Leidenschaft« wörtlich. »Mich macht Leidenschaft aus, und ich habe keine Angst davor, auch mal zu leiden.« Denn sie weiß, dass nach einer Leidenszeit die Sonne heller scheint. Das, was vorher selbstverständlich war, kann danach in einem neuen Licht glänzen. Diese Bereitschaft, schlechte Tage zu ertragen, ist heutzutage selten geworden.

## Die Sicht auf das Leben ist veränderbar

Die Sicht auf das Leben kann sich leicht verzerren, wenn man ein Unternehmen wie das von Anja Gockel erfolgreich führen will und dazu vier Kinder hat. Die zwei großen sind erwachsen, doch die beiden »Kleinen« brauchen mit 16 und 10 Jahren noch viel Aufmerksamkeit. Ihre Familie ist für Anja Gockel Lebensfreude pur. Dennoch muss sie im Alltag öfter daran arbeiten, dass sich ihre Sicht aufs Leben nicht gräulich verfärbt. »Wenn der Sohn total mies gelaunt aufsteht und die Tochter nicht aus dem Bett will und das nächste Kind nicht in die Schule möchte, dann geht es ganz schnell, dass man von seinem einst positiven Gefühl zu einem schlechten Gefühl wechselt. Frei nach dem Motto: Wie soll ich das denn schaffen?« Da fühlt man sich schnell wie Sisyphus, der seinen Stein nach oben rollt. »Wenn man es zulässt, begleitet einen dieses miese Gefühl den ganzen Tag.«

> Das einfache Bahnenziehen bringt mich in eine Art Trancezustand und lässt mich abschalten

Doch genau in solchen Momenten kommt die Kämpferin in Anja Gockel hervor. »Ich habe zwei große Brüder, die haben mir immer erzählt, dass ich klein und hässlich bin, und deshalb hatte ich immer viel zu kämpfen.« Und natürlich lässt die Powerfrau ihren Tag nicht von schlechten Gefühlen bestimmen. Das war die eine Erkenntnis auf Bali: Die Sicht auf das Leben oder auch nur auf einen Tag ist veränderbar. Wenn der Tag schlecht anfängt, geht sie erst mal Bahnen schwimmen – im öffentlichen Hallenbad. »Das einfache Bahnenziehen bringt mich in eine Art Trancezustand und lässt mich abschalten. Ich mache das regelmäßig jeweils eine halbe Stunde lang, und bereits nach der ersten Viertelstunde habe ich den ganzen Stress vergessen und kann mich auf den Tag freuen. Anschließend steige ich in mein Auto und kann den Tag gut beginnen.« Und dann steht sie in ihrem Atelier inmitten unzähliger bunter Stoffbahnen und plant und verwirft und mischt zusammen. Und das alles mit einem ungebrochenen Elan und jeder Menge Funkeln in Augen und Stimme.

Dennoch: Auch in ihrem Unternehmen muss sie kämpfen, Ärger dort lässt sich nicht so leicht »wegschwimmen«. Der Druck und die Konkurrenz sind riesig. »Die ganze Konkurrenz kann einen als Mensch richtiggehend erdrücken. Ich behaupte, es gibt wenige Berufe, in denen man gleichzeitig weltweit derart miteinander verglichen wird. Die Modeschauen finden in New York, Berlin, Mailand und Paris statt, und ein paar Wochen später stehen alle in der Zeitung nebeneinander und es wird darüber gesprochen, welcher Designer war der Gute, wer der Schlechte. Das erzeugt in mir, selbst wenn ich nicht in allen Artikeln genannt werde, einen unglaublichen Erfolgsdruck.« Man kann sich leicht vorstellen, dass sich ein solcher Druck negativ auf die Lebensfreude auswirkt. Deswegen ist es Anja Gockel ganz wichtig, auch hier den richtigen Blick zu entwickeln. »Man darf sich nicht zu sehr von anderen verrückt machen lassen. Man darf nicht zu sehr darauf schauen, was andere machen und wie vermeintlich toll diese Konkurrenz ist. Diesen Schuh darf man sich nicht anziehen, sonst geht man kaputt. Du kannst nicht besser sein als die Welt. Und selbst wenn der eine Journalist da draußen sagt, dass deine Kollektion blöd ist, das hat ja nicht zu heißen, dass sie wirklich blöd ist. Das darf man sich wirklich nicht zu sehr zu Herzen nehmen.«

Das sagt sie so leicht – die, die das Wort Emotionalität erfunden haben könnte. Wo Anja Gockel ist, wird häufig und laut gelacht. Doch Freud und Leid liegen oftmals nah beieinander. Das ist auch bei der Designerin nicht anders. Und so fließen auch bei unserem Gespräch Tränen. Sie kann und will sie nicht zurückhalten, denn die tragische Geschichte um ihren Vater schmerzt auch Jahre nach seinem Tod noch sehr. Seit der Beerdigung trägt sie eine schmale Goldkette ums linke Handgelenk. Die erinnert die 49-Jährige nicht nur an ihren Vater, sondern vor allem daran, jeden Moment im Leben zu genießen.

## »Ich habe mich früher hinter der Bühne immer verrückt gemacht.«

Diese freudige Einstellung zum Leben hatte Anja Gockel nicht immer. Es gab viele Momente, die sie nicht genossen hat. Gerade in den ersten Jahren ihrer Selbstständigkeit bremste sie die Lebensfreude aus – auch und vor allem in den Stunden ihrer größten Triumphe, den Modeschauen. »Ich habe mich früher hinter der Bühne immer derart verrückt gemacht, dass ich sicherlich einen Herzinfarkt bekommen hätte, wäre ich nicht noch so jung gewesen. Im fünfzehnten Jahr habe ich mir gesagt: ›Okay, super – ist ja toll, jetzt arbeitest du drei Monate nur auf diesen Punkt hin, machst dir den größten Stress aller Zeiten und riskierst auch noch dein Leben?‹«

> Seit ich feiere,
> kann ich es genießen,
> bin stolz darauf, so etwas
> erleben zu dürfen

Mit dieser Erkenntnis in der Tasche arbeitete die Mainzerin an ihrer Einstellung. Anja Gockel wollte in Zukunft die Modeschauen genießen, sie zu den glücklichsten Momenten machen, hinter der Bühne feiern und nicht voller Nervosität das Ende herbeisehnen. »Seit diesem Tag tanze ich hinter der Bühne meiner Modenschauen. Seit ich feiere, bin ich stolz auf das, was ich mache. Da kann ich es genießen, bin stolz darauf, so etwas erleben zu dürfen, und ich bin glücklich. Vorher war ich nur angespannt. Ich habe das Gleiche erreicht, war dabei aber nur angespannt und gestresst, was mir keinerlei Glücksgefühle gegeben hat. Im Gegenteil – ich habe immer nur darüber nachgedacht, was alles falsch gelaufen ist oder noch besser hätte laufen können.«

Diese Grübeleien, diese Was-wäre-wenn-Gedankenspiralen begleiten die an sich lebensfrohe Frau immer wieder. Besonders häufig im Zusammenhang mit ihrem Vater. Was wäre, wenn er der Medizin nicht so vertraut hätte? Was wäre, wenn er das Zittern einfach hingenommen hätte? Was wäre, wenn bei der Operation alles glatt verlaufen wäre?

## Diese Operation veränderte alles

Anja Gockels Vater war ein angesehener Radiologe und Nuklearmediziner in Mainz. Er liebte seinen Beruf so sehr, dass er noch mit 76 Jahren sechzehn Stunden am Tag als Vertretungsarzt arbeitete. Er war topfit, litt aber an essenziellem Tremor. Dieses Zittern, beim Schreiben oder Heben eines Glases, ist eine typische, aber ungefährliche Alterserscheinung. Damit kann man hundert Jahre alt werden. Doch Hans-Peter Gockel störte sich daran, dass ihm das Schreiben in der Praxis zunehmend schwerfiel. Und da er der Medizin völlig vertraute, unterzog er sich einer Operation am Gehirn. Ähnliche Operationen werden sehr erfolgreich an Parkinsonpatienten durchgeführt. Dabei werden eine Art Schrittmacher im Gehirn eingesetzt, was häufig zu einer deutlichen Verbesserung der Beschwerden führt. Doch bei Hans-Peter Gockel kam es zu keiner Verbesserung. Im Gegenteil. Vieles während und nach der Operation lief tragisch schief. Ein Herzstillstand während der Operation, Sauerstoffarmut nach dem Aufwachen aus der Narkose, ein tagelanges Koma, danach ein Krampfanfall und ein weiteres Koma.

**Alles ist endlich. Wir haben immer nur den Moment, den wir genießen können**

Für Anja Gockel lässt es sich nur schwer nachvollziehen, was alles im Einzelnen passiert ist. Doch Fakt ist: »Als er aufwachte, war er blind, konnte sich nicht mehr bewegen, konnte nicht reden, konnte nicht antworten, er konnte nicht mal mehr antworten durch Wimpernschlag, wie man das aus dem Film ›Taucherglocke‹ kennt. Nach einem zweiwöchigen Aufenthalt in der Klinik war mein Vater ein absoluter Pflegefall und konnte gar nichts mehr.« Hilflos musste Anja Gockel mit ansehen, wie innerhalb weniger Tage das Glück ihrer Familie auseinanderfiel.

## Wo liegt der Sinn im scheinbar Sinnlosen?

Hans-Peter Gockel wurde die letzten sieben Jahre seines Lebens von seiner Frau gepflegt. »Das Schlimmste ist, dass meine Mutter psychisch so sehr darunter gelitten hat. Sie waren 54 Jahre verheiratet, hatten eine wirklich tolle Ehe, beide waren fit, und plötzlich wurde das Leben, wie es bis dahin war, schlagartig beendet. Sie leidet bis heute unglaublich darunter.« Und auch Anja Gockel benötigte viel Zeit, um die Geschehnisse bewältigen und loslassen zu können. »Meine persönliche Sinnhaftigkeit ist, dass wir jeden Tag genießen und dass es kein Schneller-Höher-Weiter gibt. Alles ist endlich. Wir haben immer nur den Moment, den wir genießen können. Es gibt in der Hinsicht nichts, auf das wir morgen hinsparen können oder was wir morgen besser erreichen können, weil morgen schon wieder alles so anders aussehen kann, dass wir es nicht mehr so erleben, wie wir es heute erleben dürfen.«

## »Wenn ich Probleme habe, dann gehe ich auch mal zur Psychologin.«

Anja Gockel hat gelernt, dass sie sich nicht allein durch alle Höhen und Tiefen, die das Leben bereithält, durchbeißen muss. Es gibt Menschen, die einen bei besonderen Herausforderungen hilfreich unterstützen. Das ist die zweite Erkenntnis, die sie auf Bali hatte, und so holt sich die vierfache Mutter regelmäßig punktuell Unterstützung. »Wenn ich Probleme mit meinem Sohn oder meinen Kindern habe, dann gehe ich auch gerne mal eine Stunde zur Psychologin und sage ihr, dass ich an einem bestimmten Punkt gerade nicht weiterkomme. Einen Gesprächspartner zu haben, der viel Erfahrung hat und in vielen anderen Fällen weiß, wie es geht oder auch nicht geht, hilft mir sehr, wieder neue Denkanstöße und Sichtweisen zu bekommen.«

Ich muss mit mir selbst im Reinen sein, damit ich meinem Umfeld etwas Gutes tun kann

Manchmal hilft aber auch das richtige Buch zur richtigen Zeit. Anja Gockel bekam das Buch »Jetzt« von Eckhart Tolle von einer sehr guten Freundin empfohlen. »Darin beschreibt er ganz penibel genau, wie man wieder aus diesem Kreislauf der inneren Zerstörung oder der inneren Arbeitsleistung des Gehirns, weswegen man immer wieder über Probleme grübelt, herausfinden kann. Die Grundthese ist:

›Man kommt nur heraus, wenn man sich immer wieder daran erinnert, was eigentlich so schlimm ist.‹ Warum fühle ich mich jetzt gerade gehetzt? Wer drängt mich dazu? Dieses ›sich immer wieder dorthin zurückführen, dass man glücklich ist, dass man atmen kann, dass man ein schönes Leben hat, dass einem nichts wehtut, wenn man gesund ist‹, ist enorm wichtig. Selbst wenn man krank ist, ist es wichtig, dass man sich die schönen Momente in seinem engsten Umfeld sucht. Man muss sich auch zugestehen können, dass es trotz Krankheit toll ist, so vieles erleben zu dürfen.« Die Gedanken von Eckhart Tolle begleiten sie bis heute. Regelmäßig liest sie in dem Buch und lässt sich inspirieren. Sie hat gelernt, auf sich zu achten und sich im Zweifelsfall helfen zu lassen – mit einem guten Gespräch oder auch einfach nur mit einer Massage. »Ich muss mit mir selbst im Reinen sein, muss gesund, glücklich und fit bleiben, damit ich meinem Umfeld etwas Gutes tun kann.«

## »Von meiner Familie habe ich am meisten gelernt.«

Doch die größte Unterstützung in ihrem bunten Leben bekommt die erfolgreiche Unternehmerin von ihrer Familie. Ihre Mutter hatte sie früh gewarnt, dass sie sich entscheiden müsse: Kinder oder Karriere. Aber das wollte Anja Gockel nicht gelten lassen. Sie wusste, dass sie beides wollte, und sie wusste auch, dass das viel Kraft und Energie kosten wird. »Ich bin meinen Weg nicht gegangen trotz Familie, ich bin ihn wegen meiner Familie gegangen. Von ihr habe ich am meisten gelernt.« Mit ihrem Mann hat sie tage- und wochenlang das Drama um ihren Vater durchgesprochen. Immer und immer wieder. »Er hat es sich immer wieder angehört, dabei haben wir nicht nur Fakten ausgetauscht, sondern alles gemeinsam erlebt und dann – das war der wichtigste Part – haben wir die Erfahrungen ins Positive transformieren können.« Das ist ihr besonders wichtig. Dass man aus Leiden auch etwas lernt und es wendet. »In meiner Ursprungsfamilie gab es so viel Ehrgeiz. Von einer Generation zur nächsten steigerte er sich. Ich konnte diese ›Erbsünde‹ beenden und meinen Frieden damit machen.« Dabei war ihr Mann Rainer wichtiger Partner auf Augenhöhe. Deswegen ist ihr der Austausch in der Partnerschaft auch so wichtig. »Man muss miteinander reden und aneinander wachsen, dann kann Reflektieren auch Negatives ins Positive verändern.«

Die missglückte Operation ihres Vaters hat das Leben der Familie von Anja Gockel komplett verändert. Aber nicht nur zum Schlechten. Die Unternehmerin weiß heute, wie man genießt und feiert. »Durch den Vorfall mit meinem Vater glaube ich, dass man Licht erst bewusst erleben kann, wenn man den Schatten einmal gesehen hat – quasi die Willkür des Lebens. Seither ist alles bewusster geworden, und wer weiß, vielleicht hat es mich auch auf eine Bahn gebracht, die es mir nun ermöglicht, das Licht noch etwas bewusster zu erleben und noch glücklicher sein zu können.« Das sagt Anja Gockel nachdenklich und streift dabei mit den Fingern ihrer rechten Hand über die schmale Goldkette an ihrem Handgelenk. Der Ehrgeiz, zu den besten Designern Europas zu gehören, ist verflogen. Heute ist es ihr wichtiger, um 19 Uhr bei der Familie zu Hause zu sein. Und das schafft sie – meistens – fast pünktlich.

## Das Wichtigste zur Lebensfreuderegel 6:
## Feiere deine Erfolge

♫ »Nicht geschimpft ist genug gelobt.« Das scheint das Motto von vielen zu sein. Doch auch wer andere lobt, klopft sich selbst selten auf die Schulter. Üben Sie sich in Selbstlob. Seien Sie stolz auf das, was Sie leisten. Und belohnen Sie sich. Feiern Sie Ihre Erfolge. Öffnen Sie eine Flasche Sekt. Gönnen Sie sich ein besonderes Essen. Laden Sie spontan Freunde oder Nachbarn zu einem kleinen Umtrunk ein. Jeder Erfolg, und sei er noch so klein, ist ein guter Anlass zum Feiern.

♫ Auch wenn es nicht jeden Tag etwas zu feiern gibt, genießen Sie die Momente, in denen es Ihnen gutgeht. Freuen Sie sich bewusst über die Minuten und Stunden, in denen die Gesundheit mitspielt, die Kinder bezaubernd und die Kollegen nett sind. An den meisten Tagen überwiegen die guten Momente, doch man ist sich dessen viel zu wenig bewusst.

♫ Lassen Sie sich von den Empfindungen anderer nicht schwächen. Wenn Menschen um Sie herum schlecht gelaunt sind, dann grenzen Sie sich bewusst ab und tun Sie etwas, was Ihnen guttut. Sport oder Bewegung an der frischen Luft hilft meist zuverlässig, um schlechte Gedanken zu vertreiben.

♫ Holen Sie sich Hilfe. Eine Stunde beim Coach, ein gutes Gespräch mit einem Menschen, der einen kennt und versteht, oder auch einfach nur eine Stunde im Wald oder eine Massage helfen, die Sicht auf die Dinge zu verändern. Wenn man die Sicht verändert, kann man auch wieder Wege und Lösungen sehen, die man vorher übersehen hat.

# Lebensfreuderegel 7: Think bunt

Der Wecker klingelt. Sechs Uhr zwanzig. Ich habe noch fünf Minuten. Fünf Minuten, die mir gehören. Fünf Minuten, die wichtig für mich sind, um gut in den Tag starten zu können. Wie beginnen Sie Ihren Tag? Springen Sie mit dem Weckerklingeln aus dem Bett, um sich sofort und ohne Umwege ins Hamsterrad des Alltags zu begeben? Wenn Sie wirklich etwas für mehr Lebensfreude tun wollen, dann fangen Sie doch gleich morgens damit an. Dafür brauchen Sie nur wenige Minuten, aber Sie kommen gleich mit einem ganz anderen Gefühl in den Tag.

»Meine fünf Minuten am Morgen« kann ich Ihnen wärmstens empfehlen. Als Erstes überprüfe ich meine Nasenlöcher. Halte das eine zu und atme durch das andere. Dann halt ich das andere zu und atme durch das erste Nasenloch. In der Regel ist immer nur ein Nasenloch ganz frei. Und die Seite, dessen Nasenloch frei ist, ist in der Regel die bessere Seite für den Tag. Auf dieser Seite soll die Energie besser fließen. Und deswegen verlasse ich auch das Bett, indem ich mit dem Fuß der »besseren Seite« zuerst den Boden berühre. Vielleicht finden Sie diese kleine Übung lächerlich. Für mich ist es die erste kleine Achtsamkeitsübung, noch bevor der Tag richtig angefangen hat. Ich habe einmal gehört, der Spruch »mit dem falschen Fuß aufgestanden« komme von dieser Energieübung. Ob das wirklich stimmt? Ich weiß es nicht. Aber mir gefällt die Vorstellung, mit dem richtigen Fuß aufzustehen. Doch bevor ich das tue, hole ich mir beim Einatmen ganz viel orange- oder rosafarbene Luft in meinen Körper. Manchmal stelle ich mir auch gelbe Luft vor. Sonnengelbe. Je nachdem, was ich gerade brauche. Denn in mir drin, in meinem Körper und in meinem Kopf, ist alles ganz bunt. Regenbogenbunt. So kann es draußen vor dem Fenster meines Schlafzimmers regnen oder stürmen, in mir drin ist alles hell und freundlich. An manchen Tagen füge ich meine Affirmationssätze, die Sie in Kapitel 5 kennengelernt haben, noch dazu. Damit setze ich den bestmöglichen Grundstein für einen guten Tag.

## Bunt oder grau?

Welche Farben wohnen in Ihrem Kopf an einem ganz normalen Tag? An einem Tag, an dem Sie zu früh aufstehen müssen, weil man in vielen Firmen Meetings bereits um acht Uhr anberaumt. An einem Tag, an dem Sie zu früh aufstehen müssen, um müde Kinder aus den Betten zu holen, ihnen Frühstück zu richten, Pausenbrote zu schmieren, sie anzutreiben, bis Sie sie auf den Weg in die Schule schicken. An einem Tag, an dem Sie noch schnell zwischen Frühstück und Aus-dem-Haus-Gehen den Frühstückstisch abräumen, die Geschirrspülmaschine füllen und anstellen, in der Küche zumindest oberflächlich klar Schiff machen, eine Einkaufsliste erstellen, die Betten machen, eine Bluse bügeln, die Zimmer des Nachwuchses so aufräumen, dass die Putzfrau wenigstens den Teppich saugen kann. An einem Tag, an dem Sie beim Blick in den Spiegel feststellen, dass sich die grauen Haare offensichtlich über Nacht rasant vermehrt haben. An einem Tag, an dem Sie auf der Fahrt ins Büro sieben E-Mails bezüglich Kinderterminen beantworten, irgendwie noch ein Geschenk für eine Geburtstagsfeier, bei der ein Kind am Nachmittag eingeladen ist, besorgen, es noch schaffen, alle Dokumente für das 8-Uhr-Meeting auszudrucken, beim Meeting sich Gedanken machen, was eigentlich Ihr Chef beim anschließenden Gespräch von Ihnen will. Kurz: An einem Tag, an dem Sie sich von morgens bis abends dem ganz normalen Wahnsinn des Alltags stellen. Welche Farben wohnen an diesen Tagen in Ihrem Kopf?

## Ich kenne alle Schattierungen von Grau

Es gab Tage und Wochen in meinem Leben, da gab es in meinem Kopf vor allem eine Farbe: Grau. Zwischen all den Aktivitäten, die ich oben beschrieben habe, machte ich mir unglaublich viele graue Gedanken. Warum hat mich mein Arbeitskollege gestern so komisch angeschaut? Ob der weiß, was mein Chef nachher von mir will? Und was will mein Chef überhaupt von mir? Bestimmt nichts Gutes. Und so, wie mich mein Arbeitskollege angeschaut hat, ist das eigentlich schon der Beweis dafür, dass der Chef nur eine schlechte Nachricht für mich haben kann. Meine Freundin Bettina hat sich auch schon seit Wochen nicht mehr gemeldet. Ob sie wohl beleidigt ist? Worum ging es bei unserem letzten Gespräch noch mal? Habe ich irgendetwas gesagt, weswegen sie böse auf mich sein könnte? Gestern Abend habe ich wieder zu viel Rotwein getrunken und deswegen zu viel bei den Freunden geredet und zu laut gelacht. Die laden mich bestimmt nicht wieder ein, wenn ich das Gespräch immer so an mich reiße. Ich habe nicht nur zu viel getrunken, ich habe auch zu viel gegessen, und so werde ich die Speckrollen an meinem Bauch nie los.

Gedanken wie diese jagten tagein, tagaus wie ein Hamster in seinem Rad in meinem Hirn. Wann immer mein Hirn nicht hundertfünfzigprozentig mit einer Sache beschäftigt war, lief auf einer kleinen Nebenfestplatte dieser Film ab. Graue Sätze. Graue Fragen. Graue Behauptungen. Im ganzen Hirn eine einzige graue, schmutzige Masse.

Was ich bei diesem grauen Gedankenkarussell im Nachhinein besonders tragisch empfinde: Diese Gedanken standen im krassen Gegensatz zu meinem Leben. Ich habe so vieles, was ich mir immer gewünscht habe: eine langjährige Beziehung, zwei gesunde, wunderbare Kinder, einen tollen Job, einen kleinen und feinen Freundeskreis, meinen Lesekreis, eine Kochgruppe, die zwar nicht zusammen kocht, aber zusammen isst. Woher also kommen diese grauen Gedanken? Warum mache ich mich den ganzen Tag selbst fix und fertig, anstatt das, was ich habe, zu genießen und mich daran zu erfreuen?

## Zu viel Sand lässt auch die reinste Quelle versiegen

Der Buchautor und Vortragsredner Hans-Uwe L. Köhler beschreibt es so schön in seinem Buch »Hau eine Delle ins Universum«, dass man als Kind mit so viel Neugier anfängt und im Laufe des Lebens eine Menge Sand ins Getriebe geschüttet bekommt. Er vergleicht den Menschen mit einer Quelle frischen Wassers, die munter vor sich hin sprudelt. Doch leider kommt immer mal wieder einer vorbei, der eine Schaufel Sand ins Wasser wirft. Anfangs wird die Quelle damit noch fertig und reinigt sich selbst. Doch irgendwann ist es zu viel Sand, und dann braucht es nur noch eine letzte Schaufel Sand, um die Quelle einzubetonieren und sie versiegen zu lassen.

So ergeht es sicherlich vielen Menschen, und vermutlich kennen Sie das auch in irgendeiner Weise. Es gibt im Laufe des Lebens zu viele Dämpfer von Menschen, die wichtig für einen sind. Manche Dämpfer kommen fast unmerklich ganz nebenbei. Vom Vater oder von der Mutter, wenn sie meinen, man solle mal nicht klüger sein als sie selbst. Oder vom Partner, wenn man in dessen Augen Sachen nie anders macht, sondern immer falsch.

Den größten Dämpfer bekam ich bereits in jungen Jahren von meinem damaligen Chef. Ich war Volontärin bei einem Radiosender in Baden-Baden. Wir waren eine kleine eingeschworene Gemeinschaft, die täglich unglaublich viele Stunden arbeitete. Ich war Volontärin, also Auszubildende, aber aufgrund der dünnen Personaldecke voll in den Redaktionsablauf integriert. So war ich während des ersten Golfkriegs 1990 Chefin vom Dienst in den Nachrichten. Mit gerade mal 21 Jahren. Dann wechselte die gesamte Chefetage und es war Schluss mit lustig. Der Wind wehte eisig in der Redaktion, und ein Teil der kleinen eingeschworenen Truppe meinte, es sei gut, einen Betriebsrat zu installieren. Damit die neuen Chefs nicht so ganz schalten und walten konnten, wie sie wollten. Doch dazu kam es nicht, denn die neuen Chefs fuhren, sobald sie von der Idee Wind bekamen, ganz große Geschütze auf. Und an mir als Jüngste im Team wurde ein Exempel statuiert, wie man mit Arbeitnehmern umgeht, die es wagen, sich widerspenstig zu zeigen.

Ich wurde sofort vom Mikro genommen, durfte keine Sendungen mehr moderieren. Auch redaktionell hatte ich nichts mehr zu entscheiden, durfte nur noch Agenturbeiträge bearbeiten. Rückendeckung bekam ich aus dem Kollegenkreis kaum noch. Zu viel Angst herrschte auf den Redaktionsfluren. Statt netter Kollegengespräche gab es ganz und gar nicht nette Mitarbeitergespräche. Jeden Tag. Stundenlang. Da saßen mir drei Chefs gegenüber und erklärten mir ein bis zwei Stunden am Tag, warum sie so handeln mussten, wie sie es getan haben, warum ein Betriebsrat wirklich völlig unsinnig für diese Radiostation sei und warum sie zutiefst enttäuscht von mir seien. Hörte der eine auf, fing der nächste an. Wochenlang ging das so. Es war die reinste Gehirnwäsche. Noch Jahre später bekam ich nachts Alpträume, wenn ich an diese Zeit dachte. Das waren sehr viele Schaufeln Sand, die mir da in meine – noch sehr reine, klare Quelle – geschmissen wurden.

Es waren nicht die einzigen, denn irgendwann waren aus meinen kunterbunten Gedanken im Laufe der Jahrzehnte ziemlich graue geworden. Nicht nur. Und nicht immer. Aber häufig. Lange erkannte ich das nicht, denn insgesamt ging es mir gut, und die grauen Gedanken gehörten einfach irgendwann zu mir. Bis ich mal wieder in eine Krise geriet. So schlimm diese Krisen auch sind – ich erzähle an einer anderen Stelle in diesem Buch mehr darüber –, so sinnvoll sind sie auch. Denn nie lernt man mehr über sich als in diesen Momenten der tiefen Verzweiflung. Und nie hat man mehr Motivation, etwas an seiner Situation verändern zu wollen, als in diesen Zeiten, in denen man nur weinen kann und kein Licht am Ende des Tunnels sieht. Und in einer dieser Krisen merkte ich, wie sehr mich diese grauen Gedanken beeinträchtigten und beeinflussten. Ich war nicht mehr in der Lage, irgendetwas rosa zu sehen. Jede SMS, jede Mail, die ich bekam, interpretierte ich negativ. Bis ich so weit war, dass ich mein ganzes Leben grau in grau sah, mich an nichts mehr richtig erfreuen konnte, nicht mal mehr an meinen Kindern. Ich hatte mich im Laufe der Zeit von meinen Gefühlen völlig abgeschnitten, weil ich die negativen Emotionen nicht mehr haben wollte. Doch leider schneidet man sich damit auch von seinen positiven Gefühlen ab. Man bekommt die Höhen im Leben nur, wenn man die Täler in Kauf nimmt. Und wenn man sich gegen die Tiefen entscheidet, erreicht man auch leider die Höhen nicht mehr. Wessen sich aber die meisten gar nicht bewusst sind. Auch ich erkannte das damals nicht, denn ich hatte auch viele wunderbare Momente in meinem Leben. Schöne Abende mit Freunden. Nette Begegnungen mit Gesprächspartnern im Fernsehstudio oder bei Veranstaltungen. Aber im normalen Alltag war es anstrengend, Freude zu empfinden und Freude zu produzieren. Das wurde mir in dieser Krise, wo das Grau in meinem Hirn übermächtig wurde, klar. Und da wusste ich, dass ich etwas ändern musste.

Erstaunlicherweise geht es vielen Menschen so, die auf den ersten Blick gar nicht so wirken. Ein guter Bekannter aus Hamburg, der erfolgreich und zufrieden schien, bestätigte mir das gleiche Gefühl: Eigentlich ist alles gut, aber so richtig freudig und leicht ist fast nichts mehr. Kennen Sie dieses Gefühl auch?

## Wie wird aus Grau Rosa oder Quietschgrün?

Marc Pletzer schließlich brachte mich auf die Idee, aus meinen grauen Gedanken kunterbunte zu machen. Mein Mann schenkte mir eine CD von ihm, die zu besserem Schlaf verhelfen soll. Dass ich eine schlechte Schläferin bin, habe ich ja schon einmal erwähnt. Während man diese CD hört, wird man in einen tranceartigen Zustand versetzt. Unter anderem spricht Marc Pletzer davon, negative Gedanken klein werden zu lassen, um ihnen weniger Bedeutung zu verleihen.

Davon ausgehend entwickelte ich eine Übung, die mir geholfen hat, aus grauen Gedanken wieder kunterbunte Regenbogengedanken zu machen, um damit mehr Lebensfreude zu verspüren. Bei mir funktionierte diese Übung in kürzester Zeit. Und das, obwohl ich im Laufe der Jahre ein Meister in grauen Gedanken geworden war.

Wenn auch Sie oft grau denken, dann probieren Sie diese Übung aus. Nicht nur einmal, sondern regelmäßig. Wann immer sich graue Gedanken einschleichen, die eigentlich zu diesem Zeitpunkt und in dieser Intensität keine Berechtigung haben, dann machen Sie die Übung. Ich wette, Sie werden dieselbe positive Wirkung verspüren wie ich.

## ÜBUNG: Und tschüss, graue Gedanken!

Wenn Sie sich also mal wieder bei grauen Gedanken ertappen, dann ziehen Sie sich für einen Moment an einen Ort zurück, an dem Sie Ruhe haben und ein paar Minuten lang nicht gestört werden können. Die Übung dauert tatsächlich nur ein paar Minuten. Ich mache sie meistens abends im Bett, bevor ich einschlafe, oder wenn ich nachts wach werde und die grauen Gedanken dann in der Dunkelheit lustvoll zuschlagen.

Packen Sie alle grauen Gedanken in eine durchsichtige Kugel. Vielleicht kennen Sie diese Kugeln aus der Dekoabteilung des Kaufhauses. Man kann sie in der Mitte auseinandernehmen und sie mit bunten Federn oder dergleichen füllen. In unserem Fall stopfen Sie alle grauen Gedanken hinein. Und egal wie klein diese Kugeln sind, es passt eine Menge Grauzeug hinein. Wenn Sie all das graue Zeug aus Ihrem Kopf in die Kugel gepackt haben, dann verschließen Sie sie gut. Und dann werfen Sie sie mit Schwung und viel Kraft ins All. Sie können sie auch mit einem kräftigen Tritt ins All kicken. Begleiten Sie diese Bewegung mit einem Wort oder einem Geräusch. Sagen Sie laut: »Weg mit euch.« Oder: »Zack.« Oder irgendetwas, was Ihnen einfällt. Ich mache ein Geräusch, wie bei einem Sturm: »Schschschschuuuuuuuu.« Und dann beobachten Sie die Kugel, wie sie immer kleiner wird. Und all die grauen Gedanken werden immer kleiner. Bis sie nur noch ein winziger Punkt im All sind.

### Neue Farben braucht das Hirn

Und jetzt wenden Sie sich wieder Ihrem Kopf zu. Da ist jetzt eine Menge Platz, an dem vorher die grauen Massen gewohnt haben. Nun ist dort Platz für Kunterbuntes. Und Sie können diesen Platz einrichten, wie Sie wollen. Sie können eine »Wand« rosa anmalen und darauf in großen Buchstaben schreiben: ICH LIEBE MICH! Die nächste Gehirnwindung könnte rot werden mit dem Schriftzug: Ich liebe meine Familie. Einer weiteren Windung könnte Gelb gut stehen, und darauf schreiben Sie: Ich habe ein so schönes Leben. Und so weiter, bis alle Gehirnwindungen kunterbunt angemalt sind.

In meinem Hirn gibt es mittlerweile Wände in allen Farben des Regenbogens. Eine Wand für meine tollen Freunde, die mich immer unterstützen, wenn ich sie brauche. Eine Wand in Türkis für diese wundervollen Begegnungen mit Menschen, die ich als LebensWandlerin erleben darf. Eine Wand in Dunkelblau für meinen abwechslungsreichen Job beim Südwestrundfunk. Eine Wand in Orange für meine Nachbarn, meinen Lesekreis, meine Kochgruppe, die keine ist.

Wenn Sie etwas mehr Zeit für Farbspiele haben, dann malen Sie sich Ihre Zukunft in den schönsten Farben aus. Denken Sie darüber nach, was für wundervolle Ausflüge Sie im kommenden Sommer machen werden. Wie Sie mit Ihren Kindern oder Freunden fremde Regionen und unbekannte Orte entdecken werden. Oder wie erfolgreich Ihr nächstes Projekt im Büro laufen wird. Oder – am Ende eines Jahres – was Sie alles im neuen Jahr in Ihr Leben integrieren möchten.

An besonders guten Tagen gehen mir die Farben aus, weil ich so viele wunderschöne Dinge finde, die bereits in meinem Leben sind, die ich aber nicht immer so erkenne oder für die ich Raum schaffen möchte.

Als ich mit dieser Übung anfing, gab es natürlich sofort Widerworte von meinem inneren Teufelchen. Dass das ja wohl total unrealistisch sei, sich alles in kunterbunten Farben vorzustellen. So würde es ja wohl nie, nie, niemals kommen. Und ja, die Teufelchen haben recht. Aber: Wie realistisch ist es denn, sich das ganze Leben grau in grau vorzustellen? Wird es jemals im Leben so grau kommen? Nein, ganz bestimmt nicht. Also wenn sowohl das eine wie auch das andere unrealistisch ist, dann macht es doch mehr Sinn, sich das Schönere auszumalen, oder? Man muss schon sehr masochistisch drauf sein, um sich im ausgedachten Übel zu suhlen, sich freiwillig den Tag zu versauen, wenn man doch genau weiß, so schlimm wird es nicht kommen. Trotzdem flüsterten die Teufelchen in mir weiter: Vielleicht kommt es nur deswegen nicht ganz so schlimm, weil ich es mir vorher schon immer viel, viel schlimmer ausgemalt habe? Das kann sein. Beweise gibt es dafür keine. Aber was definitiv bewiesen ist: Ich habe mir die Tage und Wochen auf jeden Fall schon mal durch meine grauen Gedanken versaut. Egal, wie schlimm es dann tatsächlich kommt. Diese Tage und Wochen kann man auch nutzen, um bunt zu denken. Positiv. Lebensfreudig. Egal, was davon am Ende wirklich eintritt. Die Zeit bis dahin habe ich doch lieber gelacht als geweint. Auf jeden Fall ist es viel leichter, mit Lebensfreude und Leichtigkeit durch den Alltag zu gehen, seitdem ich diese Übung mache. In meinem Hirn funkelt es bunt, und das Funkeln strahlt aus. In meine Augen, in mein Herz, in meine Seele.

Natürlich habe ich trotzdem immer mal wieder graue Gedanken. Wenn die Nacht schlecht war. Wenn es nicht aufhören will zu regnen. Wenn ich mir zu viel Arbeit aufgeladen habe und überhaupt keine Zeit für mich habe. Wenn alles zusammenkommt. Aber egal wie hart es auch kommt: Die grauen Gedanken beherrschen nicht mehr meine Tage, sondern nur noch ein paar Minuten. Wenn ich bemerke, dass ich mich mal wieder mit einem völlig überflüssigen, zähen Gedankenbrei selbst behindere, packe ich alles in eine Kugel und schleudere sie ins All. Mittlerweile brauche ich nur noch »schschschuuuuuu« zu zischen und ich kann zusehen, wie die Kugel kleiner wird. Und dann streiche ich mein Hirn kunterbunt an. Allein die Erinnerung daran, dass ich mich selbst liebe und mir wichtig bin, gibt mir ein anderes, ein besseres Gefühl, und ich kann viel positiver und freudvoller die anstehenden Aufgaben angehen und bewältigen.

Probieren Sie es aus. Üben Sie, die grauen Gedanken in eine Kugel zu packen und mit Kraft ins All zu schicken. Malen Sie Ihr Hirn neu an. Es gibt so viele wunderbare Farben. Vielleicht probieren Sie ja auch mal Neonfarben aus. Neongelb für die wundervollen Gespräche mit Ihrer besten Freundin. Oder Neonpink für die selten gewordenen Schmuse-einheiten mit dem Teenagerkind. Oder Neongrün für das Lächeln eines fremden Menschen im Supermarkt oder im Bus. Es gibt so viele farbige Momente in unserem Leben. Wir müssen uns nur ihrer bewusst sein und sie uns bewusstmachen. Mit einem Regenbogen im Kopf ist das Leben so viel schöner. Und das Beste ist: Sie können diesen Regenbogen selber schaffen. Sie müssen nicht auf die seltene Gelegenheit warten, dass sich Regen und Sonne zum richtigen Zeitpunkt treffen. Sie können bei Regen, Wind und Sturm für den Regenbogen sorgen. Tun Sie es. Denn sonst tut es keiner.

Doch haben Sie ein bisschen Geduld mit sich selbst. Wenn Ihre Ge-danken Jahre oder vielleicht sogar Jahrzehnte im Hamsterrad Kreise gedreht haben, dann braucht es ein bisschen, bis sie aus dem Hamster-rad aussteigen. Die alten Gewohnheiten haben eine große Kraft, und es kostet Anstrengung, neue Wege zu denken. Das ist wie ein Muskel, der noch nie trainiert wurde. Der braucht auch viele Wiederholungen, bis er aufgebaut ist und ohne Anstrengung arbeiten kann. Und so ist es mit den Gedanken auch. Von grau auf bunt umzudenken, kostet Zeit und Geduld. Aber es lohnt sich.

Nehmen Sie sich die paar Minuten morgens nach dem Weckerläuten. Überprüfen Sie, welches Ihre bessere Seite für den Tag sein wird, und dann atmen Sie bunte Luft in sich hinein. Malen Sie sich den Tag so schön und farbig aus, wie Sie nur können, und dann stehen Sie mit dem »richtigen« Fuß auf. So ist zumindest der Start in den Tag ein rundum schöner.

## Das Wichtigste aus der Lebensfreuderegel 7: Think bunt

♫ Graue Gedanken verschleiern die Sicht auf unser Leben wie vergraute Gardinen. Also gönnen Sie Ihren Gedanken einen Waschgang mit Waschmittel für Buntes.

♫ Stopfen Sie alle grauen Gedanken in eine kleine Kugel und werfen Sie sie mit Schwung ins All. Beobachten Sie die Kugel, wie sie immer kleiner wird. Auch Ihre grauen Gedanken werden immer kleiner.

♫ Nutzen Sie den gewonnenen Platz in Ihren Gehirnwindungen, um Farbe ins Spiel zu bringen. Malen Sie sich Ihr Leben in den buntesten Farben aus. Wiederholen Sie diese Übung immer wieder. Tagsüber und / oder nachts. Bis die grauen Gedanken von alleine immer kleiner werden und die bunten Stammgäste in Ihrem Kopf sind.

# Lebensfreuderegel 8:
# Entwirf einen Plan für dein Leben

© Corrine van den Broek

Elisabeth Kolz, Jahrgang 1953, ist Geschäftsführerin von E.U.L.E., einem gemeinnützigen Verein, der Unternehmer/-innen bei der Gründung unterstützt.

Elisabeth Kolz entwirft jeden November einen Plan für das kommende Jahr – ihr Anker vor allem in schwierigen Phasen.

## Elisabeth Kolz: »Ich habe mich entschieden, mit meinem Sohn zu leben, aber ich wollte gut leben.«

Das Lachen ist viel zu tief. Viel zu heiser. Für eine so zierliche Frau. Doch ihr Lachen ist eindeutig ihr Markenzeichen. Daran könnte man sie unter Hunderten sofort erkennen. Und an ihren rotblonden Haaren.

Elisabeth Kolz lacht oft. Laut und ansteckend. Ihr Lachen hört sich nach einem intensiven Leben mit viel Whiskey und Zigaretten an. Nach Freiheit und Abenteuer. Die Zigaretten stimmen. Der Whiskey nicht. Das Abenteuer auch. Aber die Freiheit nicht. Jeden Moment, den man in der Nähe dieser quirligen Frau verbringt, sendet sie strahlende Zuversicht aus. Dieses Gefühl, das Leben sei schön und lebenswert. Keine Sekunde merkt man, dass die 63-Jährige viele tiefe Täler im Leben durchschritten hat. Manche Menschen gehen zum Lachen in den Keller, obwohl sie keine Lebenskrise tiefer als eine Pfütze durchmachen mussten. Und andere stehen bis zum Kinn im Schlamassel und wagen es trotzdem, den Mund weit zum Lachen zu öffnen. So eine ist Elisabeth Kolz.

**Wenn dir die Scheiße bis zum Hals steht, halte den Kopf hoch**

»Eine Freundin meinte mal: Wenn dir die Scheiße bis zum Hals steht, halte den Kopf hoch.« Sagt Elisabeth Kolz und lacht wieder dieses tiefe, ansteckende Lachen. Irgendwie wurde dieser Satz wohl zu ihrem Lebensmotto.

Als sie mit Ende zwanzig schwanger wird, beschließt sie, den Vater des Kindes nicht zu heiraten. »Ich wäre mit dem Vater nicht glücklich geworden. Leider ist mir das vorher nicht so klar gewesen.« Also wagt sie das Abenteuer »alleinerziehend« in einer Zeit, in der das gesellschaftlich noch lange nicht anerkannt, und in einer Stadt, die tief katholisch ist. Ihr Vorbild ist die eigene Mutter, von der sie ebenfalls alleine erzogen wurde. Ihr Vater starb, als sie zwei Jahre alt war. Doch ihre Mutter ist Witwe und keine ledige Mutter, was nach Ansicht der Nachbarn in Trier moralisch etwas völlig anderes ist. Und Elisabeth Kolz unterschätzt noch einen anderen Faktor: »Was ich nicht so wusste, war, wie schwierig es ist, gleichzeitig auch berufstätig zu sein. Die berühmte Vereinbarkeitsfrage, die stellte sich mir in einer Zeit, damals 1980, wo es noch nicht so viele Angebote gab wie heute. Es war wirklich nicht einfach.«

## Wenn nichts mehr hilft, hilft ein Plan

Doch Elisabeth Kolz lässt sich nicht unterkriegen. Und definiert für sich einen Lebensplan. Sie weiß, wohin sie will, und legt Schritte fest, die sie ans Ziel führen. »Man braucht eine Struktur, die es erlaubt, trotz schwieriger Umstände zu leben. Man kann nicht jeden Tag etwas neu definieren. Das hat es mir zumindest erleichtert. Diese Struktur, die sich natürlich auch im Laufe der Jahre verändert hat, gibt Sicherheit. In dieser Struktur kann man dann auch wieder das erleben, was man Lebensfreude nennt, dass das Leben funktioniert, dass es schön ist, dass es sehr vieles für einen bereithält.«

**Man kann das Glück im Kleinen finden**

Dieser Glaube, dass das Leben viel für sie bereithält, und die Gabe, das Positive im Leben zu sehen, stärkt Elisabeth Kolz während ihres ganzen Lebens. Und noch etwas hilft: Sie kann das Glück im Kleinen finden. »Als ich in Bayern war, sah der Wald manchmal aus wie im Indian Summer in Kanada. Da habe ich mich hingesetzt, ein gutes Glas Wein getrunken und habe mir gesagt, ja, das ist auch Leben. Du kannst hier hinfahren, dich hier hinsetzen, und wenn du heute mit niemandem sprechen willst, dann tust du es nicht, aber wenn, dann kannst du das auch tun. Diesen Willen zum Leben, den braucht man schon.«

Der unbändige Wille und ihr Lebensplan werden für Elisabeth Kolz tatsächlich überlebenswichtig, denn sie ist nicht nur alleinerziehend, sie ist alleinerziehend mit einem schwer kranken Kind. Ihr Junge ist Bluter. »Es war eine harte Zeit. Bis er so zwei, drei Jahre alt war, gab es viele Klinikaufenthalte.« Die ständige Angst um ihr Kind, die unermüdliche Arbeit als alleinverdienende und -erziehende Mutter bringen an manchen Tagen ganz graue Gedanken hervor. »Es wäre für mich damals sehr einfach gewesen, Schluss zu machen. Ich hatte gelernt, intravenös zu spritzen. Der Faktor VIII, der dem Bluter fehlt, wird intravenös verabreicht, jeden zweiten Tag. Man wird zur absoluten Spezialistin, wenn man lernt, das eigene Kind zu spritzen. Es wäre für mich wirklich ein ganz einfacher, kurzer Weg gewesen.« Doch ein vorzeitiges Ende ist in ihrem Lebensplan nicht vorgesehen. Dazu hat sie viel zu viele Ideen, die sie unbedingt noch umsetzen will.

Elisabeth Kolz ist ihr ganzes Leben gern gereist. Je weiter, desto besser. Selbst ihre Fächer im Studium sind exotisch. Politikwissenschaften, Ethnologie mit Schwerpunkt auf Afrika südlich der Sahara und Soziologie. »Ich würde diese Kombination auch immer wieder studieren, weil sie mich vieles hat verstehen lassen. Andere Kulturen, andere Menschen.« Viel später wird sie ihren Ehemann am anderen Ende der Welt kennenlernen. Sie engagiert sich im Vorstand der Interessengemeinschaft von Blutern in Bonn und fliegt zum Weltkongress der Hämophilen in Mexico City. »Dort habe ich meinen späteren Mann getroffen, der dort als Wissenschaftler vertreten war, sodass ich über die Hämophilie noch einmal einen Mann traf, mit dem ich dann 17 Jahre zusammen war. Es war eine große Liebe und eine richtig gute Zeit.«

## »Der Traum von Karriere war erst mal vorbei.«

Doch erst mal ist mit ihrem kleinen Patienten überhaupt keine Reise mehr möglich. »Ich wusste, dass ich nicht mehr ins Ausland reisen konnte mit ihm. Diesen Faktor, den ich spritzen musste, gab es in der Form nur in Deutschland. Selbst Reisen innerhalb Deutschlands waren schwierig. Das war für mich natürlich ein wahnsinniger Einschnitt, denn ich bin früher sehr, sehr viel gereist. Das ging nun nicht mehr.«

Ich will mit ihm weiterleben, aber die Bedingung an mich ist: Ich will gut weiterleben

Doch nicht nur aufs Reisen verzichtet sie, auch beruflich tritt sie deutlich kürzer. »Ich habe mir klar gesagt, du wirst jetzt einen Beruf ausüben müssen, der geregelte Arbeitszeiten hat. Ich wusste ganz genau, du musst wenigstens zehn Jahre einen Job machen, mit geregelten Arbeitszeiten, damit dein Sohn abends versorgt ist. Das heißt, der Traum von der Karriere, der war erst mal vorbei.«

Elisabeth Kolz ist keine, die jammert oder klagt. Sie plant lieber und setzt diese Pläne zielorientiert um. 1985 zieht sie von Trier nach Mainz. Dort wohnen Familienmitglieder und Freunde, die sie bei der Erziehung unterstützen. Denn irgendwann in den ersten Jahren mit ihrem kranken Kind beschließt sie: »Ja, ich will mit ihm weiterleben. Aber die Bedingung an mich war: Ich will gut weiterleben. Dazu gehörte, dass mein Kopf und mein Verstand gefordert wurden, dass ich Dinge tun konnte, die mir Spaß machen. Natürlich hatte mein Sohn da auch seinen Platz, aber er hatte einen Platz. Er war nicht raumfordernd. Ich habe also Prioritäten gesetzt. Viele Dinge waren mir nicht wichtig. Ob meine Wohnung tipptopp geputzt war oder ob jetzt immer der Einkauf hundertprozentig ablief, das war mir nicht wichtig. Wichtig war es mir, Dinge zu tun, die mir Spaß und Freude machten. Ob ich jetzt in den Wald gelaufen bin, ob ich mich mit Freunden getroffen habe, ob ich eine Radtour gemacht habe. Egal. Ich habe mir diese Zeit genommen, und ich habe mir auch die Zeit genommen zu leben.«

## »Einmal im Jahr ziehe ich eine Bilanz.«

Und hier kommt wieder ihr Lebensplan ins Spiel. »Es gehört für mich einfach dazu, mich hinzusetzen und zu schauen, wo ich stehe. Es ist ein Ritual. Einmal im Jahr ziehe ich eine Bilanz und frage mich, wo ich stehe und wo ich im nächsten Jahr hinwill. Ich mache das immer im November, weil der November für mich so ein trister Monat ist. Bevor die Tristesse kommt und ich in ein Loch falle, überlege ich lieber, was dieses Jahr gelaufen ist, was ich machen will, was nächstes Jahr so passieren könnte. Natürlich kennen wir die Zukunft nicht, aber planen können wir sie schon. Ich kann mir sehr wohl vornehmen, im nächsten Jahr eine Reise zu machen. Oder mich im nächsten Jahr beruflich zu verändern. Oder ich werde irgendetwas zusätzlich machen, was mir Freude macht. Natürlich weiß ich nicht, was nächstes Jahr kommt, und die Ereignisse haben mich sehr häufig überrollt. Dann habe ich Pläne gehabt, und dann war mal wieder

> Natürlich kennen wir die Zukunft nicht, aber planen können wir sie schon

nichts. Entweder weil mein Sohn in die Klinik musste oder weil sonst irgendetwas passiert ist. Aber diesen Plan oder die Teilpläne daraus habe ich nie aus den Augen verloren. Ich habe dann mal, einfach weil ich es wollte, einen Spanischkurs gemacht. Fragen Sie mich jetzt nicht, weshalb, ich habe das nie gebraucht, aber es hat Spaß gemacht.«

Und natürlich vergisst die Mainzerin nicht, dass sie beruflich einmal etwas ganz anderes tun wollte. Ihr Sohn ist zehn Jahre alt, da setzt sie diesen Plan konsequent um. »Ich bin nach zehn Jahren aus einem ganz sicheren Job ausgestiegen. Da gab es genügend Menschen, die sagten: Wie kannst du nur ... Aber ich hatte einfach meinen Plan, und der hieß: Ich will mit Menschen arbeiten, ich will mit Frauen arbeiten, ich will nicht in einem Bürojob sitzen müssen. Von morgens halb neun bis abends halb fünf. Ich habe das dann umgesetzt.«

**Ein gutes soziales Netz fängt uns auf, wenn das Schlimmste passiert**

Und das sehr erfolgreich. Heute ist Elisabeth Kolz Geschäftsführerin des Vereins E.U.L.E., der Unternehmer und Unternehmerinnen in allen heiklen Geschäftsphasen unterstützt. Vor allem fördert der Verein Frauen. Sie hat ihr Ziel also erreicht: Karriere machen, mit Menschen arbeiten, Frauen fördern. Mitte 2017 gründete sie die Wohlstandsgenossenschaft, um Frauen vor Altersarmut zu bewahren.

## Als endlich alles gut aussieht, passiert das Unfassbare

In den vielen Jahren in Mainz baut sie sich ein gutes soziales Netz auf, das sie schließlich auch auffängt, als die schlimmste Katastrophe in ihrem Leben passiert. 2013 stirbt ihr Sohn mit 33 Jahren. »Er ging an den ganz großen Katastrophen der Bluter vorbei, er war nicht verkrüppelt, er hatte sich kein Aids eingefangen, er hatte keine Hepatitis C, und am Ende stirbt er nicht an einem Blutungsereignis, sondern an Lungenkrebs. Das war auch für mich so ein Widerspruch. Da kämpft ein junger Mensch um das Leben mit einer Bluterkrankheit und bekommt am Ende Lungenkrebs. Von der Diagnose bist zum Tod vergehen gerade einmal drei Monate. Das fand ich ganz schrecklich. Das ging nicht in meinen Kopf.«

Zu diesem Zeitpunkt ist die Ehe mit ihrem Mann schon auseinandergegangen. Elisabeth Kolz ist allein. Und zum ersten Mal in ihrem Leben will sie nicht mehr die Starke sein. »Ich habe mich dann wirklich zurückgezogen und habe mir gesagt, du musst jetzt nicht schon wieder mutig sein, tapfer sein und was man dann so alles hört. Ich war einfach fertig. Habe mich hingesetzt, wenn mir danach war, und habe geweint, und dann habe ich alte Bilder geschaut, was man eben macht. Irgendwann habe ich die Kleidungsstücke, die er bei mir in der Wohnung hatte, aus den letzten Monaten, in einen Koffer gepackt und bei einem Kaufhaus für Flüchtlinge abgegeben. Da kam mir ein großer junger Mann entgegen, phänotypisch wie mein Sohn. Ich sprach ihn an und sagte: ›Ich glaube, ich habe was für Sie.‹ Dann habe ich ihm den Koffer gegeben, er sagte: ›Darf ich da reinschauen?‹ Ich sagte: ›Natürlich.‹ Er war ganz glücklich. Das hatte also einen Sinn. Ich habe das Bild meines Sohnes in mein Wohnzimmer gestellt und manchmal mit ihm gesprochen. So bin ich von Tag zu Tag aus diesem ganz tiefen Loch rausgekrabbelt.«

> **Die Lebensfreude kommt nicht auf einem Silbertablett zu uns**

Ein halbes Jahr nach dem Tod ihres Sohnes geht sie erstmals wieder unter Menschen, zu Veranstaltungen in Mainz. »Da haben die Leute gesagt: ›Wie schön, dass Sie wieder da sind, Frau Kolz, wir haben Sie so vermisst. Ist was passiert?‹ ›Ach ja‹, habe ich dann gesagt, ›ich hatte was privat zu verarbeiten, aber jetzt bin ich auch wieder da.‹ Wenn es gar nicht ging – im ersten Jahr war das manchmal der Fall –, bin ich auch zu Hause geblieben.« An seinem ersten Todestag ist für Elisabeth Kolz der Wendepunkt gekommen. Sie erinnert sich an ihre Pläne. »An seinem ersten Todestag dachte ich mir, es ist gut jetzt, du wolltest immer noch das und das tun, und das wirst du jetzt machen. Dann habe ich mich hingesetzt und gesagt, ich kann nicht, ich kann nicht. Aber doch, ich konnte. Ich habe dann Konzepte geschrieben, ich habe gelesen, ich habe einfach wieder angefangen zu arbeiten. Und zwar systematisch. Es gab Phasen, da ging das auch nur stundenweise, aber es ging.« Und sie erinnert sich an ihren Anspruch, gut leben zu wollen. »Ich sagte mir: Du willst wieder lachen können, du willst dich wieder freuen können, ja, und das ist Lebensfreude. Die Lebensfreude kommt nicht auf einem Silbertablett zu uns. Die bekommen wir nicht serviert, sondern wir müssen aktiv etwas dafür tun, wenn wir es denn wirklich wollen.«

## Die Reise ist noch lange nicht zu Ende

Dass Elisabeth Kolz es wirklich will, merkt man in jeder Sekunde. Egal wie düster ihr Leben auch stellenweise aussieht, sie arbeitet an sich und ihrer Einstellung zum Leben. »Ich habe mal das Bild bekommen: Dreh den Schalter um, wenn schlimme Gedanken überhandnehmen. Man darf auch mal weinen und verzweifelt sein, aber man darf dabei den Humor und das Lachen nicht verlieren. Sie können auch nicht ständig vor einem Kind mit einer Trauermiene rumlaufen. Dieses Kind wollte leben, und er hat gut gelebt, und das hat mich gefreut. Sie lernen, damit zu leben, wenn Sie sich dabei selbst nicht aus den Augen verlieren. Mein Sohn hatte einen ganz, ganz hohen Stellenwert in meinem Leben, aber ich habe mich nicht nur darüber definiert. Ich war auch noch eine eigene Person.«

Dreh den Schalter um, wenn schlimme Gedanken überhandnehmen

Der Glaube an sie selbst hat Elisabeth Kolz letztendlich unendlich viel Kraft gegeben. An Gott glaubt sie nicht. »Ich kann nicht sagen, das war eine höhere Macht oder Gewalt. Ich sage, wir sind dazu verdammt zu leben, und dann müssen wir es gut tun. Ich kann nicht morgen in meinem Leid eine Oper schreiben oder einen tollen Roman. Dazu fehlt mir das Talent. Aber ich kann positiv sein. Ich kann auf die Menschen zugehen, ich kann mich um etwas kümmern und ich kann Erfahrungen, die ich habe, weitergeben.« Und genau das tut sie. Mit einem ungeheuren Elan und Optimismus. Sie hat ihren Lebensplan, den sie weiter verfolgen wird. »Meine Reise wird mich weiter zu den Menschen führen, ganz klar. Ich werde mich mit Sicherheit weiter mit dem Thema Frauen befassen. Was können Frauen in dieser Gesellschaft tun. Es gibt noch sehr, sehr viel zu tun. Meine Reise führt mich mit Sicherheit wieder in andere Länder, und ich werde weiter versuchen, selbstbestimmt zu leben. Solange ich gesund bleibe, das ist immer die Voraussetzung.« Und hier lächelt sie. Ganz leise.

## Das Wichtigste aus der Lebensfreuderegel 8: Entwirf einen Plan für dein Leben

♫ Ein Plan kann in Zeiten, in denen es um die Lebensfreude schlecht gestellt ist, helfen. Das muss ja nicht gleich ein Lebensplan sein. Notieren Sie sich für den Anfang erst einmal alle Ihre Wünsche, Pläne und Vorhaben, die Sie interessieren. Was macht Ihnen besonders viel Freude? Welche Länder möchten Sie noch besuchen? Welche Tätigkeit erlernen? Welche Weiterbildungen möchten Sie gerne machen? Je detaillierter Sie Ihre Pläne fixieren, desto leichter wird es Ihnen fallen, sie umzusetzen. Erinnern Sie sich in Krisenzeiten, was Ihnen wichtig ist, und fragen Sie sich, was Sie davon umsetzen können. Und wenn Sie einmal nicht wissen, was Sie eigentlich möchten, dann fragen Sie sich, was Sie nicht mehr wollen. Auch auf diesem Weg kann man seinen Wünschen auf die Spur kommen. Nehmen Sie sich regelmäßig Zeit, um zu überprüfen, was aus Ihren Plänen geworden ist, was Sie umgesetzt haben und was im Alltag untergegangen ist.

♫ Vergessen Sie sich selbst nicht. In guten wie in schlechten Zeiten sollten Sie gut für sich selbst sorgen. Wenn es Ihnen nicht gutgeht, kann es den Menschen in Ihrem Umfeld auch nicht gutgehen. Versuchen Sie es mit dieser Affirmation, die Sie sich mehrmals täglich vorsagen oder als Passwort für Ihr Handy nutzen: Ich bin der wichtigste Mensch in meinem Leben!

♫ Weinen, jammern, Selbstmitleid ist alles wichtig und gut. Aber vergessen Sie nicht, irgendwann »den Schalter umzudrehen«. Anfangs wird es noch schwierig sein, den Blick bewusst auf das Schöne im Leben zu lenken. Fangen Sie mit kleinen Schritten an. Riechen Sie bewusst an Blumen. Spüren Sie bewusst die Sonne auf Ihrer Haut. Freuen Sie sich über ein Lächeln anderer Menschen. Sammeln Sie schöne Eindrücke während des ganzen Tages. Je häufiger Sie das Schöne im Kleinen sehen, desto größer wird es.

# Lebensfreuderegel 9:
# Du bist der wichtigste Mensch
# in deinem Leben

Wir sitzen in einem der kleinen Restaurants am Opernplatz in Frank-furt. An dieser Stelle gibt es vier Restaurants nebeneinander, und ei-nes ist netter als das andere. »Unser« Restaurant könnte auch in Paris sein mit den kleinen Bistrotischen und der französischen Speisekarte. Mein Gegenüber kenne ich noch nicht so lange. Doch schon beim ersten Treffen fanden wir uns so sympathisch, dass wir Visitenkarten austauschten. Ein paar Monate später verabredeten wir uns privat und hatten beide das Gefühl, uns schon länger zu kennen. Nun dieses Tref-fen in Frankfurt. Der Opernplatz ist festlich beleuchtet – es ist kurz vor Weihnachten und Petra kommt mit vielen Tüten ins Restaurant. Sie war auf die Schnelle Christmas-Shoppen. Sie sieht gut aus mit dem schwarzen Rollkragenpulli und den langen roten Haaren. Wir machen ein bisschen Small Talk. Was sie denn eingekauft habe und wie un-glaublich es sei, dass das Jahr schon wieder rum sei. Wir bestellen Rotwein und Fisch, und ich freue mich auf einen netten Abend mit dieser lebendigen, unterhaltsamen Frau.

Petra beginnt zu erzählen. Gerade habe sie den Kindergeburtstag für ihre Siebenjährige hinter sich gebracht. Dazu seien auch die Ex-schwiegereltern drei Tage zu Besuch gekommen. Sie ist vom Vater ihrer beiden Töchter geschieden, nachdem er sich einen Tag vor der Geburt des zweiten Kindes von ihr getrennt hat. Wegen einer anderen. Seitdem ist sie alleinerziehend. Sie hat ihren geliebten Job in Ham-burg gekündigt und ist nach Hessen aufs Land gezogen, weil sie dort

Familie hat. Der Kontakt mit ihrem Ex ist schwierig – auch weil sie ständig um Geld kämpfen muss. Doch ihre Exschwiegereltern lieben ihre Mädchen und kommen jedes Jahr zum Geburtstag der Enkelinnen. In diesen Tagen tut Petra alles für Oma und Opa, die es genießen, gehätschelt zu werden. »Es gibt sonst niemanden, der die beiden ein bisschen verwöhnt«, erzählt sie.

## Immer für andere da – nie für sich selbst

Petra gehört zu den Menschen, die immer für andere da sind. Für ihre Eltern. Für ihre Schwestern. Für ihre Nichten. Um andere zu entlasten, macht sie vieles für sie und bittet wenig um Hilfe. Ihren beiden Töchtern gegenüber verspürt sie häufiger ein schlechtes Gewissen, deswegen hat sie ihnen jetzt einen Herzenswunsch erfüllt: einen Hund. Es ist ein ganz junger Golden Retriever, der mehrmals am Tag lange Strecken laufen muss. Und deswegen steht sie jetzt jeden Morgen um fünf Uhr fünfundvierzig auf, denn sonst schafft sie das alles gar nicht.

Ich bin sprachlos. Was diese Frau alles für andere tut. Und Petra ist noch nicht fertig mit ihren Erzählungen. Sie sprudelt wie ein Wasserfall. Drei Tage in der Woche arbeitet sie als Sekretärin in einer Firma. Ihr Vater hat ihr den Job besorgt, als sie mit Baby und Kleinkind nach Hessen gezogen ist. Spaß mache er keinen, sie sei völlig unterfordert, im Moment müsse sie Weihnachtskarten ausdrucken: »Stell dir das mal vor, Weihnachtskarten ausdrucken, eine stupidere Arbeit gibt es kaum. Also den Job mache ich wirklich nur, weil ich das Geld brauche.« Eigentlich ist Petra Juristin. Nach einer erfolgreichen Zeit bei diversen Banken hat sie sich als Businesscoachin selbstständig gemacht, doch davon kann sie am neuen Wohnort – ohne Kontakte – nicht leben. Also jobbt sie jetzt drei Tage und coacht an den anderen beiden Tagen. Beim Treffen mit mir fühlt sie sich so müde und erschlagen, dass sie sich am liebsten für den nächsten Tag krankmelden möchte. Warum sie es nicht tue, frage ich. Darauf sie: »Das kann ich den Kollegen im Büro nicht antun. Dann müssten sie die Weihnachtskarten ausdrucken.« Und dann wage ich es endlich, die Frage zu stellen, die mir schon die ganze Zeit auf der Zunge liegt: »Was machst du für dich?«

## Was machen Sie für sich?

Kommt Ihnen die Geschichte von Petra irgendwie bekannt vor? Sind Sie auch groß darin, an andere zu denken und für andere zu sorgen? Immer mehr zu geben als zu nehmen? Nur Sie selber kommen meist zu kurz? Alle sind immer wichtiger als Sie selbst?

Auf meine Frage, was Petra für sich tue, bekomme ich keine Antwort. Nur ein kleines verzagtes Schulterzucken. Es bleibe einfach keine Kraft und auch keine Zeit für sie selbst. Sie komme kaum noch regelmäßig zum Sport. Aber was solle sie tun? Irgendwie mache alles Spaß, und so schlimm sei es auch nicht. Diese Art von Antwort kenne ich. Von vielen Coachingklienten, von Arbeitskollegen, von lieben Bekannten. Von Menschen, die unheimlich viel machen, die für andere da sind, auf die man immer zählen kann, die sich für andere einsetzen, die vor keiner Arbeit zurückscheuen und die sich selbst ganz hinten anstellen.

Woran liegt es, dass es vielen Menschen leichter fällt, andere zu pflegen und zu verwöhnen, als für sich selbst ein bisschen Empathie zu empfinden? Unsere Mütter haben es vorgelebt. Oder unsere Großmütter. In den Generationen vor uns war es selbstverständlich, dass die Hausfrau für alle da war. Sich aufopferte. Eigene Wünsche und Bedürfnisse hatten keinen Platz. So sind viele von uns sozialisiert worden. Nur wenn man für andere da ist, wird man geliebt. Bei vielen steckt das tief im Unterbewusstsein. Für andere da sein ist gut. Für sich selbst etwas zu tun ist schlecht. Es ist, als hätte man einen Overall aus Klettband an. Alle um einen herum werfen mit Bällen, die ebenfalls mit Klettband umwickelt sind. Ganz viele dieser Bälle bleiben am eigenen Overall kleben. Anstatt uns jeden einzelnen Ball anzuschauen und bei Nichtgefallen zurückzuschmeißen, behalten wir sie und bemühen uns, sie abzuarbeiten. Warum tun wir das? Weil wir gelernt haben, dass wir von anderen geliebt werden, wenn wir brav alles für sie tun. Weil wir gelernt haben, dass wir nicht geliebt werden, wenn wir unseren eigenen Interessen Vorrang geben. Weil wir gelernt haben, es sei egoistisch, an sich selbst zu denken. Was die meisten dabei vergessen: Wenn man nicht gut für sich selbst sorgt, kann man auf Dauer nicht gut für andere sorgen. Eine Zeitlang kann man sich selbst hinten anstellen. Aber auf Dauer macht das unglücklich und krank.

## Was machen Sie wirklich gern?

Das sagte ich auch zu Petra: »Deinen Töchtern kann es nur gutgehen, wenn es dir selbst gutgeht. Also fang an, dich selbst wichtig zu nehmen, und fang an, Dinge zu machen, die du gerne machst.« Als Antwort bekomme ich einen Satz, den ich auch schon häufiger von anderen gehört habe: »Ich weiß gar nicht mehr, was ich eigentlich gern mache.« Wissen Sie, was Sie gern machen?

Wissen Sie, was Ihnen richtig Freude bereitet und Sie in den »Flow« kommen lässt, also in den Zustand, in dem Sie alles um sich herum vergessen und alles einfach »fließt«? Frischen Sie Ihr Gedächtnis auf und erinnern Sie sich an alles, was Ihnen Spaß macht oder was Ihnen in früheren Jahren Spaß gemacht hat.

---

**ÜBUNG: Was machen Sie gerne?**

Schreiben Sie hier alles auf, was Sie gerne machen. Wie auf einer Einkaufsliste setzen Sie einen Punkt nach dem anderen untereinander.

Liste der Dinge, die ich gern mache:

....................................................................................................

....................................................................................................

....................................................................................................

....................................................................................................

....................................................................................................

---

```
........................................................................................

    ................................................................................

    ................................................................................
```

Und nun schreiben Sie hinter jeden Punkt, wie viele Minuten in der Woche Sie damit beschäftigt sind.

Ich schätze, schon jetzt ist Ihnen klar, dass viele Dinge, die Sie gern machen, keinen Platz in Ihrem Leben haben. Das ist schade, denn Lebensfreude vermehrt sich in der Zeit, in der wir Dinge tun, die wir gerne tun.

Wie können Sie es nun schaffen, sich selbst wichtiger zu nehmen und die alten, verkrusteten Strukturen zu verlassen? Wie können Sie lernen, dass Sie der wichtigste Mensch in Ihrem Leben sind? Fangen Sie mit kleinen Schritten an. »Wenn es mir nicht gutgeht, kann es meiner Familie auch nicht gutgehen«, ist ein erster guter Satz, den Sie für den Anfang häufiger denken sollten.

Erinnern Sie sich an die Sicherheitsvorkehrungen vor einem Flug? Da heißt es: Wenn etwas passiert, setzen Sie sich selbst zuerst die Sauerstoffmaske auf und erst dann Ihren Kindern. Als ich Petra bei unserem Treffen in Frankfurt daran erinnerte, lachte sie und meinte: »Im Moment würde ich zuerst meinen Kindern die Maske aufsetzen.« Doch was erreichen Sie damit? Ihre Familienmitglieder bekommen im Fall des Falles zwar Sauerstoff, aber Sie selbst nicht. Im schlimmsten Fall werden Sie ohnmächtig und können dann niemandem mehr helfen. Auf den Alltag übertragen gilt dasselbe: Wenn Sie nicht mehr können, wird Ihre Familie darunter leiden. Und SIE sind diejenige, die das verhindern kann, indem Sie rechtzeitig an sich denken und dafür sorgen, dass es Ihnen gutgeht.

Wenn ich joggen gehe oder mich mit Freundinnen verabrede und mein Sohn mault und meint, ich müsse bei ihm zu Hause bleiben, dann sage ich ohne schlechtes Gewissen, dass es mir guttue, wenn ich das mache, und dass es wichtig sei, dass es mir gutgehe, denn nur dann könne ich für ihn eine tolle Mami sein. Und er mache auch oft genug das, was ihm Spaß mache. Seine Reaktionen darauf sind völlig unterschiedlich. Aber das spielt auch keine Rolle. Wichtig ist nur, dass Sie selbst überzeugt sind von der Wichtigkeit Ihrer eigenen Bedürfnisse. Warum sollten diese weniger wichtig sein als die Bedürfnisse Ihrer Kinder, des Partners, der Eltern?

---

### ÜBUNG: »So geht Nabelschau«

Um sich selbst wichtig nehmen zu können, muss man seine eigenen Bedürfnisse kennen und dafür sorgen, dass diese auch erfüllt werden. Wenn ich nicht weiß, was mir guttut, kann ich nicht dafür sorgen, dass ich es bekomme. Um zu wissen, was mir guttut, muss ich mich selbst immer wieder hinterfragen. Prof. Jörg Kühnapfel hat es am Anfang des Buches in seinem Interview schon angesprochen. Er nennt das »Nabelschau«. Auch in den Geschichten der anderen Menschen hier im Buch geht es immer wieder darum, wie entscheidend es für das Wohlbefinden ist, sich regelmäßig Gedanken über sich und sein Leben zu machen. Die eine zieht jeden November Bilanz und macht Pläne für das kommende Jahr. Der andere reflektiert einmal im Jahr beim Wandern auf dem Jakobsweg.

Eine schöne Möglichkeit, »Nabelschau« zu betreiben, ist, ein »Logbuch« anzulegen. Alles was Sie dafür brauchen:

- ein gebundenes, leeres Buch und

- einen Stift, am besten einen Füller, denn was man mit einem Füller schreibt, hat eine andere Bedeutung (die Großen und Mächtigen dieser Welt unterschreiben Verträge auch mit Füller und nicht mit Kugelschreiber).

In das Logbuch schreiben Sie regelmäßig – alle drei, sechs oder zwölf Monate – Ihre Wünsche und Pläne. Schreiben Sie stichwortartig oder ausführlich, was in Ihrem Leben gerade gut läuft und was nicht. Halten Sie fest, was Sie verändern wollen, und machen Sie sich Gedanken darüber, welche Schritte Sie gehen müssen, damit Sie die Veränderungen auch herbeiführen können. Mit dem Logbuch können Sie sich an Ihre Ziele erinnern, wenn Sie sie aus den Augen verloren haben. Im Grunde genommen sind das, was auf den Seiten des Logbuchs steht, Ihre Leitplanken durch den Alltag. Daran können Sie sich orientieren und Ihr Handeln danach ausrichten.

Nehmen Sie sich Zeit für Ihr Logbuch. Denn »Leitplanken« formulieren kann man nicht zwischen Tür und Angel. Zwei Freunde von mir fahren jedes Jahr für ein Wochenende in eine Hütte am See. Beide haben ihr Logbuch, einen schönen Stift und jede Menge Rotwein im Gepäck. Gemeinsam sprechen sie über das, was sie im laufenden Jahr umgesetzt haben und was auf der Strecke geblieben ist und warum. An diesem Wochenende werden die »Leitplanken« verfestigt oder neue formuliert.

Wenn Sie in Zukunft wieder Bälle zugeworfen bekommen und diese aus alter Gewohnheit an Ihrem »Overall« haften bleiben, dann schauen Sie sich jeden einzelnen Ball an. Erinnern Sie sich in diesen Momenten an Ihre »Leitplanken«, an Ihre Pläne. Alle Bälle, die Sie nur behalten würden, um anderen zu gefallen, schmeißen Sie sofort zurück. Mit dem Gedanken: »Ich bin verpflichtet, gut für mich selbst zu sorgen, damit ich auch gut für andere sorgen kann.« Meine Freundin Petra hat sich nach unserem Treffen in Frankfurt übrigens tatsächlich am nächsten Tag bei ihrer Firma krankgemeldet. Allerdings nur, weil sie einen schlimmen Migräneanfall bekam. Sie schrieb mir eine WhatsApp mit den Worten: »Ich muss wohl noch viel lernen ☺.« Aber dafür ist es bekanntlich nie zu spät.

## Das Wichtigste aus Lebensfreuderegel 9:
## Du bist der wichtigste Mensch in deinem Leben

♫ Für andere da zu sein, ist erfüllend. Doch wenn man immer nur für andere da ist und die eigenen Bedürfnisse immer verdrängt, kann das auf Dauer krank machen. Deswegen ist es wichtig, die eigenen Wünsche zu kennen und sich diese auch – mit gutem Gewissen – zu erfüllen.

♫ Eine wichtige Erkenntnis in diesem Zusammenhang: Sie können nur gut für andere sorgen, wenn Sie gut für sich selber sorgen. Sie selbst sind der wichtigste Mensch in Ihrem Leben. Verinnerlichen Sie diesen Satz, denn es ist eine Schlüsselaussage für mehr Lebensfreude.

♫ Schreiben Sie eine Liste (weiter oben ist Platz dafür), was Sie gerne machen und wie viel Zeit Sie dafür in der Woche aufwenden. So erkennen Sie, an welchen Stellen Sie aktiv etwas für Ihre Lebensfreude tun können, indem Sie mehr von den Dingen tun, an denen Sie wirklich Freude haben.

♫ Beginnen Sie ein »Logbuch«. Dorthinein schreiben Sie alle Pläne und Vorhaben. Überlegen Sie, wo Sie im Moment stehen und wohin Sie wollen. Mit dem Logbuch können Sie regelmäßig reflektieren, was Sie umgesetzt haben und welche Pläne Sie vernachlässigt haben. Die Ideen in Ihrem Logbuch können Sie als »Leitplanken« nutzen, an denen Sie sich im Alltag orientieren.

# Lebensfreuderegel 10:
## Sei dir selbst eine gute Fee

© Tim Oldenburg, Beautystage GmbH

Antje Duwe, Jahrgang 1969, ist leitende Angestellte bei einer Bank in Rheinland-Pfalz. Für ihren Mann, einen Gitarrenbaumeister, macht sie das Marketing.

Antje Duwe bekommt Kind und Karriere oft lachend unter einen Hut, weil sie gelernt hat, gut für sich selbst zu sorgen.

### Antje Duwe: »Auf mich selbst zu achten, musste ich erst lernen.«

Als ich Antje Duwe das erste Mal mit ihrer Tochter sah, war ich erstaunt. Ich wusste gar nicht, dass sie ein Kind hat, obwohl ich schon viele Jahre immer wieder für ihr Unternehmen arbeitete und wir uns gut verstanden. Sie ging so liebevoll und aufmerksam mit der Kleinen um, dass ich mich fragte, warum sie kein zweites Kind hatte. Normalerweise stelle ich meine Fragen immer ohne Scheu. Glücklicherweise tat ich es in diesem Fall nicht. Zumindest nicht an diesem Abend.

Dass Antje Duwe einen arbeitsintensiven Job hat, merkt man ihr nicht an. Sie ist immer gut gelaunt und für ein Schwätzchen zu haben. Sicherlich liegt es daran, dass sie gerne tut, was sie tut. Sie mag ihre Arbeit und ihre Kollegen. Das ist keine Selbstverständlichkeit. Nur manchmal merkt man die Menge an Arbeit, die auf ihrem Schreibtisch liegt. Wenn man freitagabends um 20 Uhr, wenn man selbst auf dem Weg ins Kino ist, eine Mail von ihr erhält. Wenn sie um diese Uhrzeit noch im Büro ist, hat sie zuvor – wenn es sich irgendwie einrichten lässt – zu Hause mit Mann und Tochter zu Abend gegessen und ihrer Kleinen etwas vorgelesen. Das ist ihr wichtig. Dafür verzichtet sie auch gerne auf einen freien Freitagabend.

*Wichtig sind auch Werte, die aus dem Elternhaus stammen*

Wichtig sind ihr auch Werte. Werte, die sie in ihrem Elternhaus gelernt hat. Vor allem von ihrem Vater. Er war ebenfalls für das Marketing in einer Bank verantwortlich. »Es verging kein Abendessen, an dem er nicht die eine oder andere Geschichte aus seinem Tag erzählte. Oft ging es darum, dass er mit viel Gespür für sein Gegenüber Lösungen gefunden hat, die zuerst nicht auf der Hand lagen: Da war zum Beispiel mal ein mittelloser Künstler, der es sich nicht leisten konnte, seine Bilder zu rahmen. Mein Vater fragte einen befreundeten Tischler. Der half dann weiter. Oder die ältere Dame, die er erst nur als Bankmitarbeiter beriet, bevor er später ihr amtlich bestellter Betreuer wurde. Das hat mich schon als Kind inspiriert und sicherlich auch geprägt.« Begriffe wie Empathie oder Wertschätzung hören sich altmodisch an, werden von Antje Duwe aber ganz modern gelebt. »Ohne sie gäbe es für mich nicht die echte, unverfälschte Lebensfreude.«

## »Zufriedenheit ist ein Glückszustand, den man sich erarbeiten kann.«

Zur Lebensfreude gehört auch, dass die studierte Buchwissenschaftlerin über sich selbst lachen kann. »›Du kannst Dinge weglachen‹, sagte mir kürzlich eine gute Freundin. Stimmt. Das kann ich. Zum Glück.«

Wenn Antje Duwe lacht – und das tut sie häufig –, wirft sie ihre Haare mit einer kleinen Bewegung in den Nacken, und man kann nicht anders als mitlachen. Selbst in den schwierigen Phasen ihres Lebens, als sie und ihr Mann jahrelang versuchten, ein Kind zu bekommen, ist ihr das Lachen nie ganz vergangen.

»Ich glaube, ich habe Glück mit der Einstellung, die ich zum Leben habe«, sagt sie. Aber sie weiß auch, dass »Zufriedenheit ein Glückszustand ist, den man sich erarbeiten kann«. Sie kennt die Fragen, die man sich hin und wieder stellen sollte, um für sich Klarheit zu haben, ob alles richtig läuft. Wo steht man? Ist man an diesem Punkt zufrieden? Macht die Arbeit Freude? Tun einem die Menschen, mit denen man sich umgibt, gut? »Ich hatte mal eine Kollegin, die einfach nur ins Zimmer kam und wir hatten alle sofort gute Laune, einfach weil sie da war. Sie brauchte dafür gar nicht viel zu tun.« An dieser Stelle habe ich den Eindruck, Antje Duwe spricht über sich selbst. Aber sie meint tatsächlich eine ehemalige Kollegin. »Auf jeden Fall ist es wichtig zu erkennen, was für mich gut ist. Manchmal muss man auch was ändern, wenn es einem nicht guttut, und daran arbeiten, im positiven Sinne egoistisch auf sich zu achten – aber eben auch gleichzeitig die anderen im Blick zu haben.« Diese Ausgewogenheit – auf andere zu achten, aber sich selbst nicht aus den Augen zu verlieren – macht Antje Duwe aus.

> Zufriedenheit ist ein Glückszustand, den man sich erarbeiten kann

## Als Erste geheiratet und als Letzte ein Kind bekommen

Als Antje Duwe mit dreißig Jahren heiratete, war für sie und ihren Mann klar, dass sie einmal Kinder haben wollten. Sie waren im gesamten Freundeskreis die Ersten, die heirateten. Und die Letzten, die ein Kind bekamen. Die Zeit dazwischen war gepflastert mit vielen Geburten bei Freunden, und jede sorgte für eine kleine Verletzung. »Wir haben es probiert und probiert und zuerst sehr, sehr geduldig gewartet. Das war nicht einfach für uns. Nicht einfach für mich. Ich habe mich immer als zukünftige Mutter gesehen.« Auf der einen Seite freute sich Antje Duwe über den Nachwuchs der Freunde von Herzen, war als die »Spaßtante« bei allen beliebt und geschätzt. Auf der anderen Seite konnte sie nicht verhindern, dass jede Nachfrage der Eltern oder von Bekannten einen kleinen Stachel unter die Haut trieb. Einmal wurde ihr Mann gefragt, ob er Pate eines Kindes werden wolle. »Ein schöner Vertrauensbeweis, nur leider für uns zu einem ungünstigen Zeitpunkt. Und wir haben gesagt, ach Mensch, vielleicht gerade nicht zu dieser Zeit, weil wir da auch in der Phase waren, in der wir sehr intensiv probiert haben, ein Kind zu bekommen.«

Auch wenn Antje Duwe viel arbeitet, ist der Mittelpunkt ihres Lebens ihre Familie. Ganz besonders ihre siebenjährige Tochter. Seitdem sie auf der Welt ist, hat sich die Lebensfreude der 48-Jährigen verändert. »Das Thema Dankbarkeit ist intensiver geworden in meinem Leben. Ich bin regelmäßig auch abends dienstlich unterwegs. Wenn ich dann spät nach Hause komme und sehe sie schlafen, oder sie wacht morgens auf und kommt zu uns, das ist einfach unbeschreiblich schön. Mittlerweile ist meine Tochter in einem Alter, in dem sie es versteht, wie sehr wir auf sie gewartet haben, und es gefällt ihr, davon zu hören, wie sie kam – natürlich in einer kindgerechten Version des Ganzen.«

**Durch meine Tochter ist das Thema Dankbarkeit intensiver geworden**

Die erwachsene Version des Ganzen ist ziemlich unromantisch. Nachdem Antje Duwe und ihr Mann vieles versucht hatten, um ein Kind zu bekommen, führten sie endlich ein ernstes und offenes Gespräch mit der Frauenärztin. Erstmals wurden alternative Möglichkeiten besprochen. An dieser Stelle wird Antje Duwe sehr sachlich. »Das haben wir dann auch gemacht. Wir waren im Kinderwunschzentrum in Mainz und hatten dort eine wirklich umfassende und hervorragende Betreuung – medizinisch und vor allem auch menschlich. Wir sind diesen Schritt gegangen und haben so mit Unterstützung der Ärzte die Kleine bekommen.« Das hört sich einfach und unkompliziert an, aber so war es nicht.

## »Jetzt könnte ein Kind in mir wachsen.«

»Im Nachhinein ist das wohl wie nach jeder Geburt. Man sagt dann, ach – war alles nicht so schlimm. Aber nein, so ganz unkompliziert war es nicht. Nicht wirklich.« Denn wie so oft im Leben kam vieles zusammen. An dem Wochenende, an dem Antje Duwe zum ersten Mal eine Eizelle eingepflanzt bekam, erhielten sie ein Kaufangebot für ein Haus. »Das Thema ›Jetzt könnte ein Kind in mir wachsen‹ hätte eigentlich einen besonderen Raum benötigt, es wurde aber komplett überschattet von der Finanzierungsplanung, von der jeder, der diese Phase kennt, weiß, dass man nichts als Zahlen im Kopf hat. Das war zu viel Stress und prompt hat es bei diesem ersten Versuch nicht geklappt.« Jeder, der schon einmal auf natürlichem Wege schwanger werden wollte und merkte, dass es nicht geklappt hat, kennt die Enttäuschung. Um wie viel größer muss die Enttäuschung nach einem medizinischen Eingriff sein? »Auf diese Situation war ich nicht vorbereitet. Auf einmal merkte ich, wie viel Hoffnung ich in das Verfahren gesetzt hatte, und fühlte eine Leere, die ich vorher nicht erwartet hatte.«

*Manchmal braucht es Ruhe und Zeit, um ein Problem zu lösen*

Antje Duwe ist es gewohnt, dass Sachen, die sie plant, auch so umgesetzt werden. Doch diesmal lief es nicht nach ihren Vorstellungen. »Ich erinnere mich gut, wie ungewohnt es für mich war, nicht aktiv ein Problem zu einer Lösung führen zu können, und ich habe gemerkt, dass ich mir Ruhe nehmen muss und dass es Zeit braucht, dieses Thema noch einmal anzugehen. Mir sagte später mal der Leiter des Kinderwunschzentrums, dass viele Paare an dieser Stelle aussteigen, und das verstehe ich gut.«

Auch Antje Duwe und ihr Mann stiegen erst einmal aus. Ein Jahr Zeit benötigten sie, um zu dem Entschluss zu kommen: »Das war's noch nicht. Ich traue mich – wir trauen uns noch mal. Das war nicht ganz einfach – auch nicht für meinen Mann.« So häufig das Thema Kinder in unserer Gesellschaft in allen Facetten besprochen wird, so selten wird über ungewollte Kinderlosigkeit geredet. Das ist bis heute ein Tabuthema. Das spürte auch Antje Duwe. »Ich bin ein offener Mensch – aber das Thema Kinderwunsch war lange Zeit für mich tabu. Niemand in meinem Umfeld – außer unserer Trauzeugin und besten Freundin – wusste davon, weil ich es nicht ertragen hätte, die Fehlversuche im Freundeskreis und im Kollegenkreis regelmäßig zu besprechen.« Denn das, was sich Antje Duwe anfangs nicht vorstellen wollte, wurde Wirklichkeit. Sie benötigten mehrere Versuche, bis ihre Tochter kam – und blieb. »Ich war zuerst schwanger mit Drillingen, und sie hat es geschafft, sich als einziges Kind in meinem Körper den Weg ins Leben zu erkämpfen.«

## Ein halbes Jahr nach der Geburt ging es zurück ins Berufsleben

Seit sieben Jahren gibt es nun eine »Familie Duwe«. Ein zweites Kind war nicht wirklich eine Überlegung. Dazu war der erste Weg zu holprig. Auch das Alter von Antje Duwe sprach dagegen. Sie war bei der ersten Geburt bereits 42. Außerdem wollte die Marketingleiterin zurück in den Beruf. »Ich habe ein halbes Jahr nach der Geburt unserer Tochter wieder angefangen, Vollzeit zu arbeiten – weil ich es mag und auch brauche –, und mein Mann ist derjenige, der zu Hause die Fäden in der Hand hat und das ›Familienunternehmen managt‹, wie es so heißt.« Martin Duwe ist Gitarrenbaumeister, teils fest angestellt, teils selbstständig. So kann er sich seine Zeit flexibler einteilen. Die Duwes haben das klassische Rollenmodell gedreht. »Wenn man sich einig ist, wer welche Rolle wahrnehmen möchte, dann funktioniert das.«

Ich versuche einfach, mein Glück selbst in die Hand zu nehmen

Es funktioniert auch, weil Antje Duwe sich über vieles bewusst ist. »Wenn mir was fehlt, das ich unbedingt erreichen möchte, dann gehe ich das aktiv an und schaue gezielt, wie ich zu diesem Punkt kommen kann. Ich versuche einfach, mein Glück selbst in die Hand zu nehmen – und oft gelingt es auch.«

## »Ich kann von diesem kleinen Mädchen viel lernen.«

Antje Duwe ist sich bewusst, was für ein Geschenk ihr Kind ist. »Jedes Kind ist ein Geschenk, aber wenn man es sich so gewünscht hat und der Weg so schwierig war, ist das noch einmal mehr ein besonderes Geschenk.« Ob sie diesen Weg wieder so gehen würde? »Ja, auf jeden Fall. Mir hätte nur gutgetan, mit mehr Ruhe an das Thema Kinderwunsch ranzugehen. Hierzu passt ein Rat meiner Tochter, den sie mir mit drei Jahren gab, als zu Hause wieder mal alles hektisch war. In der üblichen Morgenaufbruchsstimmung und auf mein genervtes ›Beeil dich. Wir müssen los‹ sah sie mich an und sagte ruhig, aber bestimmt: »Mama. Bisschen warten«. Ich habe mich verdutzt zu ihr auf die Treppe gesetzt und gewartet. Trotz oder gerade wegen der Hektik. Einmal durchgeatmet. Und dann noch ein zweites Mal. Wir haben uns angelächelt und ich habe gemerkt: Das tut gut. Ich kann von diesem kleinen Mädchen viel lernen. Manchmal muss man warten und durchatmen – egal wie eilig man es hat.«

*Manchmal muss man warten und durchatmen – egal wie eilig man es hat*

### Das Wichtigste der Lebensfreuderegel 10:
### Sei dir selbst eine gute Fee

♫ Formulieren Sie für sich Werte, die Ihnen wichtig sind. Dankbarkeit und Achtsamkeit verändern Ihr Leben zum Besseren.

♫ Achten Sie auf sich selbst. Seien Sie im besten Sinne egoistisch. Wenn Sie spüren, dass Ihnen etwas nicht guttut, ändern Sie es.

♫ Nehmen Sie sich Zeit. Beschenken Sie sich selbst mit Zeit. Für wichtige Dinge, aber auch für Kleinigkeiten. Wer von morgens bis abends durch einen eng getakteten Terminkalender hetzt, verliert seine Lebensfreude.

# Lebensfreuderegel 11:
# Lerne dich selbst (besser) kennen

Vor vielen Jahren war ich in einem Kurzurlaub in Rom. Es war Anfang November, das Wetter war herrlich, eine dünne Strickjacke wärmte ausreichend beim Stadtbummel. Das ganze Grau am Himmel war in Deutschland zurückgeblieben. Mein Mann und ich wohnten in einem sehr schönen Hotel mitten in der Stadt. Es war eines dieser Häuser aus alter Pracht und Herrlichkeit. Teppiche an den Wänden, überall tiefe Sessel, in denen man versinken konnte, und feine antike Beistelltischchen. Der sehr nette Hoteldirektor war ein feiner Herr. Er empfahl mir einige Sehenswürdigkeiten, unter anderem auch ein Museum. Ich zitierte Erich Kästner: »Die Törichten besuchen in fremden Ländern die Museen. Die Weisen aber gehen in die Tavernen.« Darauf der Römer: »Aber um eine Stadt und deren Menschen verstehen zu können, sollten Sie auch ihre Geschichte kennen.« Das leuchtete mir ein. Dennoch besuchte ich in Rom kein Museum. Dafür umso mehr Tavernen. Einige Jahre später bestand eine gute Freundin, mit der ich New York besuchte, auf einem Museumsbesuch. Da wir nur ein paar Tage in der Stadt waren, gab sie sich mit einem kleinen Museum zufrieden, und so landeten wir nicht im »MoMa« oder einem anderen »Muss-man-gesehen-haben-Museum«, sondern schauten uns die Frick-Collection an. Eine reizende kleine Schau, die man locker in zwei Stunden betrachtet hat. Da merkte ich, wie viel mehr man Menschen versteht, wenn man ihre Geschichte, ihre Kultur kennt. Heute gibt es keinen Besuch einer fremden Stadt ohne Museumsbesuch.

Was will ich Ihnen damit sagen? Um Lebensfreude spüren zu können, auch und vor allem in schlechten Zeiten, ist es gut, wenn man sich selbst ein bisschen kennt. Wenn man weiß, was einen antreibt und wie man tickt. Dafür muss man keine dreijährige Psychoanalyse mitmachen, der eine oder andere Persönlichkeitstest hilft, wenn es nicht gerade der nächstbeste aus einer Frauenzeitschrift ist. Dann kann man Verhaltensmuster verändern, die einen im Alltag belasten.

## Der Test von den inneren Antreibern

Als meine Tochter vier Jahre alt war, kam es zu einem kleinen Gespräch, das ich wohl nie vergessen werde. Wir waren mit dem Auto unterwegs, es war ein schöner Tag, die Sonne schien, der Himmel war blau, der Verkehr floss, und ich sang am Steuer. Nicht schön, aber laut. Da meldete sich ein Stimmchen von der Rückbank, das sagte: »Mami, im Auto wird nicht gesungen. Da werden andere Menschen, die Auto fahren, beschimpft.« Ich war erst sprachlos und wurde dann nachdenklich. Denn meine Tochter sagte nichts anderes, als dass ich normalerweise beim Fahren nicht summte, pfiff oder zwitscherte, sondern andere Autofahrer beschimpfte. Was leider auch der Wahrheit entsprach. Immer waren alle anderen viel zu langsam, fuhren nicht schnell genug los oder bremsten an einer roten Ampel, wo noch locker zwei oder drei Autos hätten drüberfahren können.

Jahre später lernte ich den Test mit den inneren Antreibern kennen. Es gibt fünf Antreiber, und sie können unser Leben stark bestimmen. Der Antreiber, der bei mir am stärksten ausgeprägt war, heißt »Mach schnell«. Wie dieser Antreiber wirkt, können Sie sich nach der kleinen Geschichte mit meiner Tochter sicherlich denken.

Diese inneren Antreiber haben wir alle – mehr oder weniger stark ausgeprägt. Angelegt werden sie in unserer Kinder- und Jugendzeit. Wie kleine Samen werden sie von unseren »Vorbildern« – meist Eltern und Großeltern – in uns gesetzt. Es sind die Ge- und Verbote, mit denen wir aufwachsen. Häufige Glaubenssätze sind:

- »Erst die Arbeit, dann das Vergnügen.«
- »Wenn du dich nicht mehr anstrengst, wird das nichts mit dir.«

Oder heutzutage besonders beliebt:

* »Beeil dich.«

Im Laufe der Jahre können diese Glaubenssätze in uns wachsen und groß und stark werden. Manchmal werden sie aber zu groß und zu stark, und dann lassen wir uns als Erwachsener zu sehr von ihnen leiten. Dann blockiert uns der innere Antreiber und bestimmt unser Leben und Handeln. Sehr stark ausgeprägte innere Antreiber können ausschlaggebend sein für Erkrankungen wie Schlaflosigkeit, Kopfschmerzen, ja sogar Burn-out.

Im Rahmen der Transaktionsanalyse, die Mitte des 20. Jahrhunderts erfunden wurde, haben amerikanische Psychologen folgende fünf innere Antreiber definiert, die die meisten Menschen lenken. Dabei hat jeder Antreiber gute und schlechte Seiten.

## 1. Antreiber: Sei beliebt!

Die positive Seite: Diese Menschen sind sehr hilfsbereit, haben immer ein offenes Ohr für andere, streben nach Harmonie, sind sympathisch und daher sehr beliebt.

Die andere Seite der Medaille: Die Menschen sind sehr selbstlos und lassen sich leicht ausnutzen. Da sie nicht Nein sagen können, werden sie oft fremdbestimmt. Sie werden also von dem Wunsch angetrieben, andere zufriedenzustellen. Dann fühlen sie sich geliebt. Diese Menschen übernehmen im hohen Maß Verantwortung für das Gefühlsleben anderer. Und weil man sich auf die Bedürfnisse anderer konzentriert, kann man kaum eigene Wünsche und Ziele erkennen.

## 2. Antreiber: Mach schnell!

Der Vorteil dieses Glaubenssatzes: Diese Menschen verfügen über eine hohe Auffassungsgabe, sie erledigen unglaublich viel in kurzer Zeit. Natürlich lieben sie Schnelligkeit – beim Arbeiten, beim Autofahren, im ganzen Leben.

Auf der anderen Seite bedeutet Schnelligkeit oft auch Hetze. »Mach schnell!« beinhaltet auch, die Gegenwart zu verlassen, vor lauter Schnelligkeit ist man gedanklich und planerisch meist in der Zukunft. Menschen, die mit diesem Glaubenssatz aufgewachsen sind, lassen nicht gerne Nähe zu anderen zu.

### 3. Antreiber: Sei perfekt!

Diese Menschen sind als Kollegen ideal, denn sie liefern eine hohe Qualität beim Arbeiten. Sie sind gründlich, verlässlich und kreativ.

Doch der starke Antrieb, alles immer noch besser machen zu wollen, führt zu Unzufriedenheit, Unsicherheit und Überforderung. Die angestrebte Perfektion bringt auch Angst vor dem Versagen und den Hang zur übertriebenen Genauigkeit mit sich.

### 4. Antreiber: Streng dich an!

Diese Menschen sind im positiven Sinne leistungsbereit, motiviert und geben ihr Bestes. Sie bevorzugen Fortschritt statt Stagnation.

Die negativen Folgen dieses Glaubenssatzes: Diese Menschen fühlen sich oft gehetzt, sie können nur schwer abschalten, etwas genießen oder »sich gehen lassen«. Hier zählt nie das Ergebnis, immer nur die Leistung. Man wird zum Gefangenen seiner eigenen Strukturen. Immer wird man von der Angst getrieben, man könnte schlechter sein als die anderen. Und weil man kein Gefühl für seine eigenen Grenzen hat, werden diese dauernd überschritten.

### 5. Antreiber: Sei stark!

Oft haben Männer diesen Antreiber, weil ihnen schon als Kind gesagt wird: »Indianer kennen keinen Schmerz.« Ihr Vorteil: Sie sind zielstrebig, belastbar, energievoll und stark. Diese Menschen haben sich fest im Griff und stehen mit beiden Beinen im Leben. Sie fordern viel von sich und anderen.

Doch wer viel von sich und anderen fordert, hat wenig Toleranz für eigene oder andere Schwächen. Es herrscht ein Unverständnis für weniger zielorientierte Menschen. Da man sich keine Schwäche gönnt, tun sich diese Menschen schwer damit, Hilfe anzunehmen.

---

### ÜBUNG: Test »Innere Antreiber«

Mithilfe des Tests können Sie Ihre eigenen inneren Antreiber bestimmen. Der Test kann Ihnen helfen, klarer zu sehen, warum Sie oft so und nicht anders handeln. Sind Sie sich erst mal Ihrer unbewussten Steuerungsmechanismen bewusst, können Sie leichter Entscheidungen treffen, die Sie wirklich wollen. Manche Menschen haben nur einen Antreiber ganz stark ausgeprägt, andere mehrere. Probieren Sie es einfach aus und antworten Sie spontan aus dem Bauch heraus.

Schreiben Sie den entsprechenden Zahlenwert in den dafür vorgesehenen Raum.

5 = voll und ganz, 4 = gut, 3 = etwas, 2 = kaum, 1 = gar nicht

**Die Aussage trifft auf mich folgendermaßen zu:**

1.  Wenn immer ich eine Arbeit mache, dann mache ich sie gründlich. .........

2.  Ich fühle mich verantwortlich, dass diejenigen, die mit mir zu tun haben, sich wohlfühlen. .........

3.  Ich bin ständig auf Trab. .........

4.  Anderen gegenüber zeige ich meine Schwächen nicht gerne. .........

5.  Wenn ich raste, roste ich. .........

6.  Häufig verwende ich den Satz: »Es ist schwierig, etwas so genau zu sagen.« .........

7.  Ich sage oft mehr, als eigentlich nötig wäre. .........

8.  Ich habe Mühe, Leute zu akzeptieren, die nicht genau sind. .........

9.  Es fällt mir schwer, Gefühle zu zeigen. .........

10. »Nur nicht lockerlassen« ist meine Devise.      .........

11. Wenn ich eine Meinung äußere, begründe ich sie
auch.      .........

12. Wenn ich einen Wunsch habe, erfülle ich ihn mir
schnell.      .........

13. Ich liefere einen Bericht erst ab, wenn ich ihn mehrere
Male überarbeitet habe.      .........

14. Leute, die »herumtrödeln«, regen mich auf.      .........

15. Es ist für mich wichtig, von anderen akzeptiert zu
werden.      .........

16. Ich habe eher eine harte Schale, aber einen weichen
Kern.      .........

17. Ich versuche oft herauszufinden, was andere von mir
erwarten, um mich danach zu richten.      .........

18. Leute, die unbekümmert in den Tag hineinleben,
kann ich nur schwer verstehen.      .........

19. Bei Diskussionen unterbreche ich die anderen oft.      .........

20. Ich löse meine Probleme selber.      .........

21. Aufgaben erledige ich möglichst rasch.      .........

22. Im Umgang mit anderen bin ich auf Distanz bedacht.      .........

23. Ich sollte viele Aufgaben noch besser erledigen.      .........

24. Ich kümmere mich persönlich auch um
nebensächliche Dinge.      .........

25. Erfolge fallen nicht vom Himmel; ich muss sie hart
erarbeiten.      .........

26. Für dumme Fehler habe ich wenig Verständnis.      .........

27. Ich schätze es, wenn andere auf meine Fragen rasch
und bündig antworten.      .........

28. Es ist mir wichtig, von anderen zu erfahren, ob ich
meine Sachen gut gemacht habe.      .........

29. Wenn ich eine Aufgabe einmal begonnen habe, führe ich sie auch zu Ende. .........

30. Ich stelle meine Wünsche und Bedürfnisse zugunsten von anderen Personen zurück. .........

31. Ich bin anderen gegenüber oft hart, um von ihnen nicht verletzt zu werden. .........

32. Ich trommle oft ungeduldig mit den Fingern auf den Tisch. .........

33. Beim Erklären von Sachverhalten verwende ich gerne die klare Aufzählung: 1., 2., 3. .... .........

34. Ich glaube, dass die meisten Dinge nicht so einfach sind, wie viele meinen. .........

35. Es ist mir unangenehm, andere Leute zu kritisieren. .........

36. Bei Diskussionen nicke ich häufig. .........

37. Ich strenge mich an, um meine Ziele zu erreichen. .........

38. Mein Gesichtsausdruck ist eher ernst. .........

39. Ich bin nervös. .........

40. So schnell kann mich nichts erschüttern. .........

41. Meine Probleme gehen andere nichts an. .........

42. Ich sage oft: »Macht mal vorwärts.« .........

43. Ich sage oft »genau«, »exakt«, »klar«, »logisch«. .........

44. Ich sage oft: »Das verstehe ich nicht.« .........

45. Ich sage eher »Könnten Sie es nicht einmal versuchen?« als »Versuchen Sie es einmal«. .........

46. Ich bin diplomatisch. .........

47. Ich versuche, die an mich gestellten Erwartungen zu übertreffen. .........

48. Beim Telefonieren bearbeite ich nebenbei oft noch Akten. .........

49. »Die Zähne zusammenbeißen« heißt meine Devise. .........

50. Trotz enormer Anstrengung will mir vieles einfach
nicht gelingen. .........

Nun übertragen Sie Ihre Bewertungszahlen in die Auswertungstabelle. Bitte beachten Sie dabei, dass Sie Ihre Bewertungszahlen den entsprechenden Fragenummern zuordnen.

**Auswertung: Meine Antreiber**

»Sei beliebt«

Fragen: 2   7   15   17   28   30   35   36   45   46

Punkte: .....   .....   .....   .....   .....   .....   .....   .....   .....   .....   Total   ...........

»Mach schnell«

Fragen: 3   12   14   19   21   27   32   39   42   48

Punkte: .....   .....   .....   .....   .....   .....   .....   .....   .....   .....   Total   ...........

»Sei perfekt«

Fragen: 1   8   11   13   23   24   33   38   43   47

Punkte: .....   .....   .....   .....   .....   .....   .....   .....   .....   .....   Total   ...........

»Streng dich an«

Fragen: 5   6   10   18   25   29   34   37   44   50

Punkte: .....   .....   .....   .....   .....   .....   .....   .....   .....   .....   Total   ...........

»Sei stark«

Fragen: 4   9   16   20   22   26   31   40   41   49

Punkte: .....   .....   .....   .....   .....   .....   .....   .....   .....   .....   Total   ...........

Wenn bei Ihnen kein Wert über 30 vorhanden ist, ist kein innerer Antreiber besonders stark ausgeprägt. Das heißt, Ihre Vorbilder haben bei der Erziehung sehr viel sehr gut gemacht. Bei Werten über 30 lohnt es sich, mit den inneren Antreibern zu arbeiten, bei Werten über 40 sollten Sie Ihrer Gesundheit zuliebe dringend etwas verändern. Denn die inneren Antreiber beeinflussen Ihr Verhalten. Wie unter Zwang zeigen Betroffene immer wieder das gleiche Muster. Ich zum Beispiel musste immer durch mein Leben hetzen, selbst wenn es eigentlich keinen Grund dafür gab.

## Für jeden Antreiber gibt es ein Gegenmittel

Das Schöne an den inneren Antreibern ist: Man kann sie wieder loswerden. Man muss sich ihnen nicht ein Leben lang unterwerfen. Zu jedem Antreiber gibt es ein Gegenmittel, einen sogenannten »Erlauber«.

Diese lauten:

Sei beliebt ➜ Gefalle dir selbst
Mach schnell ➜ Nimm dir Zeit
Sei perfekt ➜ Du bist gut genug, so wie du bist
Streng dich an ➜ Tu es und habe Spaß
Sei stark ➜ Sei offen und drücke deine Wünsche aus

Sie sollten sich Ihren Erlauber so formulieren, wie es für Sie am besten passt.

Hier ein paar Beispiele:

### Erlauber für »Sei beliebt«
- Ich kann auch mal Nein sagen ohne schlechtes Gewissen.
- Meine Bedürfnisse sind genauso wichtig wie die Bedürfnisse der anderen.
- Ich darf auch mal als Erste das Büro verlassen.

### Erlauber für »Mach schnell!«
- Wer langsam geht, kommt auch ans Ziel.
- Ich darf mir Pausen und Auszeiten gönnen.
- Kein Mensch kann immer Marathon rennen.

### Erlauber für »Sei perfekt«
- Perfektion erzeugt Aggression.
- Perfektion gibt es gar nicht.
- Ich kann auch mal fünfe gerade sein lassen.

### Erlauber für »Streng dich an«
- Auch ein leichter Job darf mal viel Lob oder Geld einbringen.
- Auch wenn ich locker und entspannt bin, mache ich gute Arbeit.
- Ich darf es auch mal locker nehmen.

### Erlauber für »Sei stark«
- Ich darf auch mal Hilfe annehmen.
- Ich darf auch mal sagen, wenn mir alles zu viel wird.
- Ich darf auch mal Gefühle zeigen.

Wenn Sie stark ausgeprägte innere Antreiber haben, dann arbeiten Sie mit Ihren Erlaubern. Ein erster Schritt könnte sein, den persönlichen Erlaubersatz auf einen Post-it®-Zettel zu schreiben und aufzuhängen. Am Badezimmerspiegel, im Auto oder am Computer. Mein Erlaubersatz ist auch gleich das Codewort für meinen Computer. So werde ich jeden Tag x-mal daran erinnert. Damit allein ist es aber nicht getan. Sie sollten – am besten mit einem guten Freund oder einem Coach – darüber sprechen, was Ihnen der Antreiber heute noch nutzt, inwieweit er Ihre Handlungen zum Negativen beeinflusst und was es bedeuten würde, auf den Antreiber ganz oder teilweise zu verzichten. Wenn Sie sich Ihrer inneren Antreiber bewusst sind und sich auch bewusst gegen sie entscheiden, dann haben Sie schon viel gewonnen.

Aber seien Sie geduldig mit sich. Es dauert einige Zeit, bis sich Ihr Erlauber gegen den inneren Antreiber durchgesetzt hat. Der hatte schließlich Jahrzehnte lang Zeit, sich zu entwickeln. Der Erlauber muss diesen Vorsprung erst mal einholen.

Vor Kurzem habe ich im Rahmen eines Fortbildungsseminars, bei dem ich Teilnehmer war, diesen Test noch einmal gemacht, und siehe da: Der Antreiber »Mach schnell« spielt keine Rolle mehr bei mir. Heute beschimpfe ich tatsächlich viel seltener andere Autofahrer. Im Gegenteil. Ich kann sogar ruhig bleiben, wenn ein anderer sich danebenbenimmt und mir schlimme Gesten von Auto zu Auto zeigt. Es ist ein tolles Gefühl, wenn sich jemand furchtbar aufregt und Sie ihm einfach freundlich zuwinken. Da kommt Freude auf. Lebensfreude.

## Das Wichtigste aus Lebensfreuderegel 11: Lerne dich selbst (besser) kennen

♬ In unserer Kindheit werden oft Glaubenssätze in uns gepflanzt, die im Laufe der Jahrzehnte kräftig und stark werden. Werden diese Glaubenssätze zu groß, werden sie zu unseren inneren Antreibern und beeinflussen unser Verhalten. Oft ist man dadurch nicht mehr in der Lage, freie Entscheidungen zu treffen. Man steckt in einem Verhaltensmuster fest. Stark ausgeprägte innere Antreiber können zu Krankheiten führen.

♬ Machen Sie den Test weiter oben und lernen Sie Ihre inneren Antreiber kennen. Sind Antreiber stark ausgeprägt, sollten Sie überlegen, ob Sie sich ihnen weiterhin unterwerfen wollen oder ob Sie etwas verändern möchten.

♬ Für jeden Antreiber gibt es ein Gegenmittel, einen sogenannten Erlauber. Arbeiten Sie regelmäßig mit Ihrem Erlauber. Sie können ihn zur Erinnerung auf Post-it schreiben oder sich täglich von Ihrem Handy daran erinnern lassen. Wichtig ist, dass Sie einige Wochen jeden Tag mehrfach an Ihren Erlauber erinnert werden. Setzen Sie Ihren stark ausgeprägten inneren Antreibern regelmäßig den Erlauber entgegen und Sie werden nach einiger Zeit feststellen, dass die Macht des Antreibers kleiner wird.

# Lebensfreuderegel 12:
# Sei diszipliniert, wenn es um deine Lebensfreude geht

© eveline-lemke.de

Eveline Lemke, Jahrgang 1964, war bis 2016 Wirtschaftsministerin in Rheinland-Pfalz.

Philosophie, aber auch ausreichend Schlaf, Bewegung und gesunde Ernährung – damit erhält sich Eveline Lemke ihre Lebensfreude. So werden u. a. Sporttermine fest im Terminkalender eingeplant.

## Eveline Lemke: »Die Ewigkeit ist jetzt.«

Sie ist eine Frau der Gegensätze. Jahrelang war sie Wirtschaftsministerin von Rheinland-Pfalz. Dennoch kann man wunderbar mit ihr philosophieren. Sie liebt ihre Familie über alles. Dennoch hat sie sich in die zeitintensive und aufreibende Maschinerie der Politik gestürzt. Sie ist eine moderne Frau, dennoch suchte sie sich einen Partner über eine Zeitungsannonce. Eveline Lemke lässt sich in keine Schublade stecken.

Ein grünes Jackett oder ein grüner Schal oder beides, dazu dunkelblonde Locken und immer ein charmantes Funkeln in den Augen: Das sind die Markenzeichen von Eveline Lemke. Die Grünen-Politikerin lädt gerne zu einer Tasse Tee und zum Philosophieren ein. Sie hat die Ruhe weg – egal wie stürmisch es um sie herum wird. Die Erdung hat sie vom Elternhaus mitbekommen. Als Sandwichkind hat sie früh gelernt auszugleichen. »Meine Mutter hat immer gesagt, ich sei der Fels in der Brandung gewesen.« Und noch etwas hat die 53-Jährige schnell verstanden: Alles ist endlich. Die Mutter, eine intelligente, belesene Frau, Feministin und Kämpferin, ist herzkrank. Sie konnte deswegen nicht so, wie sie gern gewollt hätte. Neben der Herzkrankheit der Mutter bekommt Eveline Lemke die eigene Endlichkeit bereits mit sechs Jahren zu spüren. Sie hatte eine Blutvergiftung, die nicht rechtzeitig entdeckt wurde. Es waren Noteingriffe erforderlich. Von den Sorgen, der Verzweiflung rings um sie herum hat die Sechsjährige kaum etwas mitbekommen. »Ich erinnere mich nur daran, als ich wieder zu Bewusstsein kam, 14 Tage später, dass um mich herum eine Welt des Staunens war. Dass ich noch da bin, dass es mich noch gibt, und Freude, dass ich lebe. Diese Freude, dass ich lebe oder wieder lebe, war schon so beeindruckend, dass es das Bewusstsein einer 6-Jährigen geprägt hat. Dass da wohl irgendetwas gewesen sein muss, was sehr ungewöhnlich war.«

**Ich lebe im Moment**

Die frühe Begegnung mit Krankheit und Tod ließ Eveline Lemke nicht zur Fatalistin werden, sondern zur Philosophin. Sie weiß den Wert des Lebens an sich, jeden einzelnen Tag und jede Stunde zu schätzen. »Die Ewigkeit ist jetzt« wurde zu ihrem Lebensmotto. Heute nennt man den Zustand Flow. Wenn man nicht merkt, wie die Zeit vergeht, weil man aufgeht in dem, was man gerade tut. Das sind die schönsten Momente im Leben. »Der Moment ist dann zeitlos. Das ist unendlich. Und wenn ich ein Leben führe, das mir jede Minute meines Seins diese Zeit unendlich erscheinen lässt und ich das Gefühl für die Zeit verliere, dann ist es ewig.« Eveline Lemke spricht gerne über die Zeitlosigkeit der Zeit, aber sie lebt sie auch. Sie sammelt diese guten Momente, die die Zeitlosigkeit in sich haben. Sie ist bereit, jeden Moment in einen guten und damit zeitlosen und ewigen zu verwandeln. »Ich versuche, das zu leben und die Dinge zu tun, die mir wichtig sind und in denen ich das Gefühl habe, sie könnten zeitlos und ewig dauern.« Das ist die wichtigste Erkenntnis ihres Lebens: »Die Ewigkeit ist jetzt. Weil ich dann nicht in einer Zukunft lebe oder von etwas träume oder auf etwas immer nur hinarbeite und immer nur nach etwas hetze und immer nur im Hamsterrad bin, für etwas, dass ich dann doch nicht erreiche. Oder für etwas, wovon ich nicht weiß, ob es Perspektive hat.« Eveline Lemke lebt im Moment. Wenn sie die Zeit zum Moment macht, ist sie momentan auch gut. Manchmal kann Philosophie auch ganz einfach sein.

## »Die einzige Konstante ist die Veränderung.«

Philosophie hilft der gebürtigen Hamburgerin auch bei existenziellen Ereignissen. Davon hat Eveline Lemke einige in ihrem Leben erfahren. Es ging um Leben und Tod, um Krankheit, um Verlust des Partners, Scheidung, Abschiede von Kindern, die das Haus verlassen. »Diese Ereignisse haben immer dazu geführt, dass ich mich ein bisschen neu erfinde und ein bisschen neu aufstelle. Die einzige Konstante im Universum ist die Veränderung, auch meine eigene.« Eveline Lemke hat gelernt, schlechte Erfahrungen zu nutzen, um zu wachsen. »Immer, wenn ein Schicksalsschlag eintrat, habe ich mir die Frage gestellt, wozu ist das jetzt gut, was habe ich gelernt aus diesem Schicksalsschlag, wie gehe ich mit der Trauer um, mit dem Abschied, mit der Veränderung, mit den Einschränkungen? Ich habe immer etwas Neues gefunden und die Antwort kam von alleine.« Die Suche nach dem Sinn kommt ebenfalls aus dem Hamburger Elternhaus. Ihre Mutter gab sie ihr mit. »Meine Mutter hat immer gesagt: ›Der liebe Gott hat sich was dabei gedacht, dass du hier bist. Es hat einen Grund. Du kannst ihn nur selber finden. Wir können dir beim Suchen helfen.‹ Ich bin meiner Mutter dankbar für das Mitgeben dieser Sinnsuche.«

**Wozu ist das jetzt gut, was habe ich gelernt aus diesem Schicksalsschlag?**

## Die Familie ist elementar wichtig

Diesen Ansatz, herauszufinden, warum man da ist, gab Eveline Lemke auch ihren Kindern mit auf dem Weg. Als Mutter kann sie viel weitergeben, denn sie hat als Kind viel erhalten. »Ich hatte einfach eine schöne Kindheit – mit sehr lieben Eltern, auch immer noch. Meine Eltern haben mir viel ermöglicht und mich viel probieren lassen. Sie gaben mir darin Rückhalt und Selbstwert. Das war die beste Grundlage, um mich zu orientieren und zu erfahren, was im Leben für mich wirklich wichtig ist.« Wirklich wichtig ist ihr Familie. Schon vor der Scheidung vom Vater ihrer Kinder. Danach aber erst recht. »Elementar wichtig. Es ist der Raum zum Lieben und Liebenlernen. Wenn ich mich selbst lieben kann, dann kann ich auch andere lieben und diese Liebe weitergeben und sie strömt am Ende so durch mich durch. Das ist was Wunderschönes.« So war es nur konsequent, dass Eveline Lemke Jahre nach der Scheidung von ihrem ersten Mann irgendwann wieder eine vollständige Familie sein wollte. Um diese Lebensentscheidung nicht allein dem Zufall zu überlassen, suchte sie per Zeitungsannonce. Ein mutiger Schritt, denn durch ihre politischen Aktivitäten war sie in Rheinland-Pfalz keine Unbekannte.

> **Wenn man sich selbst lieben kann, kann man auch andere lieben**

Doch erst einmal trat ein anderer »Mann« in ihr Leben: Kyrill. Hier kommt die Ironie des Schicksals ins Spiel: Ausgerechnet sie, der es wichtig ist, ein Leben im Einklang mit der Natur zu führen, bekommt die Unberechenbarkeit der Natur mit aller Wucht zu spüren. Sie, die sagt »Nichts von dem, was ich heute lebe, kann ich mitnehmen. Es bleibt alles hier, also kann ich alles hierlassen, hier übergeben. Und ich muss alles so übergeben, dass meine Kinder und die Menschen, die hier sind, auch damit wirken können«, muss erleben, wie die Natur ihr Zuhause zerstört.

# Der Sturm Kyrill als ein Wendepunkt

Eveline Lemke hatte ein schönes, großes Haus im Westerwald. Im Untergeschoss hatte sie ihr Büro eingerichtet, in der oberen Etage lebte sie mit ihren beiden Kindern. Im Januar 2007 zog das Sturmtief Kyrill über Europa, auch über den Westerwald. Eveline Lemke war nicht zu Hause. Sie hatte mit den Grünen einen Neujahrsempfang in Mainz. Aber ihre Teenagerkinder waren im Haus. Mit dem Sturm kamen das Hochwasser von der Sieg und ein besorgniserregender Telefonanruf der Tochter. »Mama, da liegt ein Baum auf dem Dach und die Feuerwehr kann nicht kommen, weil die Wichtigeres zu tun haben. Aber wir haben schon mal die Meerschweinchen gerettet, die im Garten waren, aber die Ziegel fallen vom Dach.«

Diese Katastrophe eröffnete mir eine ganz neue Dimension

Das war der Wendepunkt für Eveline Lemke. Drei Wochen lag der Baum auf und im Haus. Drei Wochen knarzte es in jedem Zimmer, bis das Wasser abgezogen war. Erst dann konnte die Feuerwehr mit Kran und Motorsägen bewaffnet den Baum in kleine Stücke sägen und nach und nach abtransportieren. Es waren aufregende und schlaflose Wochen. »Dieses Erlebnis mit Kyrill hat eine ganz neue Dimension für mich eröffnet. Da habe ich mit den Kindern entschieden: Wir bleiben nicht mehr alleine, wir suchen uns hier wieder eine Vervollständigung unserer Familie. Gerade Teenager brauchen auch männliche Vorbilder. Es musste wieder ein Papa her. Den haben wir uns dann gesucht.« Und hier holt Eveline Lemke mit blitzenden Augen und verschmitztem Lächeln ein Stückchen Papier aus ihrer Geldbörse. Eine Kontaktanzeige, auf die sie geantwortet hat. Bis heute trägt sie sie immer bei sich. »Wir haben uns damals einfach Anzeigen angeschaut, heute geht das ja alles online. Wir haben uns einfach auf die Suche gemacht und tatsächlich auch die Familie gefunden, mit der wir eine Patchworkfamilie gegründet haben.«

War es wirklich so einfach? Andere Frauen verzweifeln auf ihrer Suche nach einem neuen Partner. Eveline Lemke nicht. »In der Tat war das so, dass wir gesagt haben, wir machen das jetzt einfach und wir ergreifen jetzt die Initiative, weil wir unser Leben an dieser Stelle verändern wollen, weil es ein Entschluss zu einem anderen Leben war, mit anderen Menschen in einer anderen Hausgemeinschaft, mit einem anderen Gefühl. Das alles hat ungeheuer viel Spaß gemacht.« Tatsächlich zieht Eveline Lemke wenig später vom Westerwald an die Ahr und heiratet noch einmal. Ihr neuer Mann bringt ebenfalls zwei Kinder mit, nun waren sie zu sechst. »Nie war einer allein.«

Der Alltag als neue Familie war dennoch eine Herausforderung. »Es ist nicht ganz so geworden, wie wir uns das vorgestellt haben, weil man sich das schwer vorstellen kann, wenn man zwei Familien in einer Patchworkfamilie zusammenbringt.« Aber es ist gutgegangen. »Wir haben alle vier Kinder gut auf den Weg gebracht. Ich bin froh, vier Kinder ins Erwachsenensein begleiten zu dürfen.«

## »Disziplinierte Lebensführung ist Teil meiner Selbstliebe.«

Heute sind alle vier junge Erwachsene. Drei von ihnen sind bereits aus dem Haus. Es ist also alles wieder in Veränderung bei Eveline Lemke. Auch beruflich. Nach der Landtagswahl 2016 in Rheinland-Pfalz stellte die Ministerin für Wirtschaft, Klimaschutz, Energie und Landesplanung ihr Amt zur Verfügung, weil die Grünen nur ganz knapp den Einzug in den Landtag schafften. Seitdem kann sich Eveline Lemke wieder etwas mehr auf sich selbst besinnen. Sie hat ein Buch geschrieben. Das wäre als Ministerin nicht möglich gewesen. »Ich musste erst mal auf mich zurückfallen, um meine schöpferische Kraft wieder zu entfalten.« Nichts ist so schlecht, als dass nicht auch etwas Gutes dabei wäre.

Ich musste auf mich zurückfallen, um meine schöpferische Kraft wieder zu entfalten

Bei manchen Dingen macht Eveline Lemke keine Abstriche. Auch nicht während ihrer Zeit als Ministerin. Beim Schlafen. Bei gesunder Ernährung. Bei ausreichend Bewegung. »Dreimal pro Woche joggen und am Wochenende in die Natur gehen, die Natur genießen können. Die Natur als spirituelle Erfahrung mitzunehmen ist für mich elementar.« Als Ministerin schrieb sie die Sporttermine in den Terminkalender. Sie weiß um die Wichtigkeit, sich selbst gegenüber achtsam zu sein. Dafür hat sie viele kleine Rituale und Routinen. »Eine Tasse Tee trinken, ein gutes Gespräch mit einer Freundin oder – sehr banal – mein Bad zu putzen, zu bügeln oder Staub zu saugen. Immer wenn ich diese monotonen Sachen mache, habe ich das Gefühl, dass mein Kopf, der ja trotzdem weiterarbeitet, die Ereignisse, die Erlebnisse, die Dinge, die mich umtreiben, die Sorgen und Nöte notiert und irgendwie anders ablegt. Wenn das dann vorbei ist, oder wie beim Joggen, wo ich den Kopf leer mache, dann kommen wieder die Ideen. Die Lösungen, die ich eigentlich suche, sind da – von ganz alleine. Dann komme ich aus dem Hamsterrad raus.«

**Viele kleine Schritte führen auch weit**

Es ist kein Hexenwerk, was Eveline Lemke betreibt, um sich ihre Lebensfreude zu erhalten. Es sind nur ein paar Komponenten. »Regelmäßig schlafen, gesund essen, Sport machen, die Natur erleben: ein bisschen disziplinierte Lebensführung. Das ist Teil meiner Selbstliebe, und die schadet nicht, die hilft.« Die hilft, weil Eveline Lemke mit dieser Lebensführung gesund bleibt. Und wenn sie gesund ist, hat sie ausreichend Kraft und Energie, die sie auch weitergeben kann. »Ich kann sie umleiten, kanalisieren, was auch immer. Ich finde einfach immer wieder meine Mitte.«

Eine weitere Komponente ist die Philosophie. In Krisenzeiten besonders nützlich. Dann zerlegt Eveline Lemke die große Frage nach dem »Warum« in kleine Teile. Dadurch kann sie eine neue Haltung finden und daraus Handlung werden lassen. »Meine Handlungen waren dann zeitweilig sehr klein. Aber viele kleine Schritte führen auch weit. Ich hatte zum Glück nie eine Depression. Ich konnte immer noch die Spinne im Netz sehen und mich an ihr erfreuen oder am Schmetterling auf der Blume oder den Duft des Frühlings genießen oder den Wind im Ohr, den man hört, wenn die Bäume rauschen. Mich haben gerade die kleineren Dinge dahin geführt, die nächstgrößeren zu sehen.«

## Ein Schlüssel zur Zufriedenheit: Beziehungen

Zur Zufriedenheit tragen auch ihre Kinder bei. »Sie haben mir deutlich vor Augen geführt, was wirklich wichtig ist. Mit jeder Krise, die ich hatte, wurden das Kleine, das Persönliche, die Familie und die tiefen Beziehungen immer größer und das große Materielle immer kleiner. Das Leben an sich wurde bedeutungsvoller.« Doch nicht nur die Beziehung zu ihrer Familie ist ihr wichtig. Sie achtet auch sehr darauf, wie sie mit Mitarbeitern und Kollegen umgeht. »Achtsam miteinander zu sein – das ist mir wichtig und macht für mich die Tiefe von Beziehungen aus.« Die Grundvoraussetzung dafür ist die Liebe. Die Liebe zu anderen, aber auch zu sich selbst. »Durch die Liebe kommt einfach alles von alleine: Selbstwert, Selbstbewusstsein, Lebendigkeit, Zufriedenheit. Ich finde, Selbstwertgefühl ist eine Grundvoraussetzung, auch achtsam und wertschätzend mit anderen umgehen zu können.«

Während des Philosophierens ist der Tee kalt geworden. Eveline Lemke trinkt ihn dennoch und gibt mir zum Abschied noch einen schönen Gedanken zum Thema Lebensfreude mit: »Zu wissen, wo ich herkomme, wo ich hingehöre und wo ich in Zukunft sein will, gibt mir Halt. Und dieser Halt hat sich im Laufe meines Lebens immer mehr in Freude verwandelt. Und ich verstehe zunehmend besser, mir selber treu zu sein.« Darüber ließe sich direkt weiterphilosophieren.

Durch die Liebe kommt einfach alles von alleine

## Das Wichtigste zur Lebensfreuderegel 12:
## Sei diszipliniert, wenn es um deine Lebensfreude geht

♫ Dinge, die uns guttun, gehören ganz oben auf die To-do-Liste.
Gerade in Krisenzeiten. Nehmen Sie diese Dinge so wichtig wie alle
anderen Termine. Schreiben Sie sich Termine fürs Laufen, Fitness-
studio oder Yoga in den Terminkalender. Arbeiten Sie die Nächte
nicht durch, sondern achten Sie auf ausreichend Schlaf. Und
nehmen Sie sich Zeit für gesundes Essen. Eine disziplinierte Lebensführung, die dazu führt, dass Sie gesund bleiben, ist der wichtigste
Punkt für Lebensfreude.

♫ Nehmen Sie sich ausreichend Zeit für Menschen, die Ihnen
wichtig sind. Tiefe Beziehungen sind ein Garant für Lebensfreude.
Umgeben Sie sich mit Menschen, die Ihnen guttun. Meiden Sie
dagegen Menschen, die Ihnen Energie rauben.

♫ Wir sind auf der Welt, um zu lernen. Fragen Sie sich in schweren
Zeiten, was Sie daraus lernen können, wozu das gut sein kann.
Damit werfen Sie einen anderen Blick auf die Situation.

# Lebensfreuderegel 13:
# Werde immer mehr der Mensch, der du bist

Manche Menschen haben einen Hund oder eine Katze als Haustier, an dem sie sich erfreuen. Manche Menschen haben aber auch ein Haustier, das nicht viel Freude mit sich bringt. Es ist nicht immer da, aber wenn, dann sitzt es auf Ihrer Schulter und flüstert Ihnen gemeine Sachen ins Ohr. Dieses Haustier hat überall den gleichen Namen. Es heißt »schlechtes Gewissen«.

Warum leiden so viele erwachsene Menschen unter einem schlechten Gewissen, wenn sie etwas tun, was ihnen Freude macht? Jedes Mal, bevor meine Freundin verreist, kämpft sie mit dem schlechten Gewissen, das ihr einflüstert, dass sie ihre Kinder nicht alleine lassen dürfe. Die Kinder haben einen tollen Vater, der das Familienunternehmen gut managt. Meine Freundin hat große Freude daran, Vorträge überall in der Welt zu halten. Sie verreist also freiwillig. Dennoch kommt vorher immer das schlechte Gewissen zu Besuch. Ein Freund aus Hamburg fährt jedes Jahr eine Woche zum Skifahren. Mit Freunden. Ohne Frau und Kind. Dafür mit schlechtem Gewissen. Er kann die Woche nie in vollen Zügen genießen, kommt deswegen auch eher angespannt zurück und streitet sich direkt nach der Rückkehr mit seinen Lieben. Dieses Verhalten ist völlig paradox. Man tut etwas, was man gerne tut, kann es aber nicht genießen, weil einem das schlechte Gewissen auf der Schulter sitzt. Kennen Sie das auch? Wenn Sie dieses Haustierchen gerne wieder loswerden möchten, dann nehmen Sie es einmal von der Schulter und schauen es sich genau an. Das hat bei mir dazu geführt, dass mein schlechtes Gewissen – meistens – keinen Platz mehr bei mir findet. Doch das war nicht immer so.

## Aus dem Faultier wurde ein fleißiges Bienchen

Lange Zeit gehörte ich zu den Menschen, die immer etwas zu tun haben und auch immer etwas tun. Ich war eine Mischung aus fleißigem Bienchen und emsiger Ameise. Alle Welt lobte mich für meinen Fleiß und wunderte sich über meine Energie. Doch die Wahrheit ist: Tief in meinem Herzen bin ich ein Faultier. Ich war damals nur deswegen kein Faultier, weil – sobald ich es mir auf dem Sofa bequem gemacht habe – mein Haustierchen daneben Platz nahm und mich übel beschimpfte. Um es loszuwerden, musste ich aufstehen und arbeiten.

Wie wurde aus dem Faultier ein fleißiges Lieschen? Das hat natürlich etwas mit meiner Kindheit zu tun. Wenn ich an die zurückdenke, fällt mir immer wieder diese Szene ein: Ich bin acht Jahre alt, es ist ein grauer Nachmittag im November und ich liege oben im Stockbett, lese »Nesthäkchen« Band eins bis zehn und lutsche ein Bonbon nach dem anderen. Die Bonbonpapiere werfe ich aus dem Bett. Es ist schön, dem Papier nachzusehen, wie es zu Boden segelt. Ich muss den Müll später nicht einmal wegräumen. Das übernimmt meine Schwester, mit der ich das Zimmer teile. Sie hasst Unordnung dieser Art. Und da ich ziemlich dickfellig und ignorant sein kann, hat sie es irgendwann einmal aufgegeben, mich zur Ordnung erziehen zu wollen. Ich war ein Kind, das genießen konnte, das schon als Kleinkind stundenlang unter dem Küchentisch sitzen konnte, um die aufwendigsten Legohäuser zu kreieren, und das später stundenlang ein Buch nach dem anderen verschlingen konnte. Ich war insgesamt ein pflegeleichtes, ruhiges Kind. So drückte es meine Mutter aus. Mein Vater sagte aber auch ganz gerne: »Patricia ist ein fauler Strick.« Irgendwann übernahmen meine drei Schwestern diese Aussage, und bald war ich der faule Strick der Familie.

Irgendwann wollte ich wohl nicht mehr der »faule Strick« sein und änderte mein Verhalten. War ich noch eine faule Schülerin, wurde ich als Studentin extrem zielstrebig. Und dabei blieb es. Irgendwann konnte ich nicht mehr faul sein und musste immer etwas tun. Sonst kam das schlechte Gewissen zu Besuch.

Es gab in diesen Jahren zwischen meinem 20. und 40. Geburtstag ein paar Sonntage, an denen ich nichts machte. Bekam dann aber abends ein so schlechtes Gewissen, dass ich anfing, den Garten umzugraben oder die Abstellkammer aufzuräumen oder den Kleiderschrank auszumisten. Gedanken darüber, dass es so nicht weitergehen konnte, machte ich mir erst, als mir mit dem zweiten Kind und Anfang 40 die Kräfte ausgingen. Als ich es körperlich einfach nicht mehr schaffte. Als ich immer häufiger eine Bronchitis bekam. Als mein Körper mir zeigte: So geht es nicht weiter. Eigentlich. Denn natürlich machte ich trotzdem weiter. Ein bisschen langsamer. Ein bisschen weniger. Aber immer noch viel zu viel. Immer angetrieben vom schlechten Gewissen.

## Dem schlechten Gewissen Hausverbot geben

Man sagt Frauen und unter denen vor allem Müttern nach, dass sie ganz häufig ein schlechtes Gewissen hätten. Aber auch Männer sind davon betroffen. Wie mein Freund aus Hamburg. Dieses »schlechte Gewissen« ist ein wirklich fieser Typ. Er kommt aus den Nichts, um sich ungefragt und ungebeten in unsere Köpfe und Herzen zu setzen. Und dort flüstert er uns dann allerhand dummes Zeug ein, sodass wir unser Leben nicht mehr genießen können. Man möchte ihn an der Gurgel packen, um ihn ordentlich zu schütteln und um ihn dann weit wegzuschleudern. Aber das »schlechte Gewissen« ist sehr clever und kennt uns zu gut, als dass es sich so einfach einfangen ließe.

Möglich ist es aber trotzdem. Ich habe es geschnappt. Mit einem kleinen Trick. Es war keine wilde Treibjagd, sondern eine ganz ruhige Angelegenheit. Ich habe das »schlechte Gewissen« erst eingekreist und es dann lahmgelegt. Ganz nebenbei beim Autofahren. Auf dem Weg von Köln nach Mainz. Als es dann in der Falle saß, habe ich es mir näher angeschaut und festgestellt, dass es kein Teil von mir ist. Es gehört nicht zu mir. Das habe ich ihm dann auch gesagt. Und habe es aufgefordert zu gehen. Das wollte das »schlechte Gewissen« aber natürlich nicht. Ich machte das Tor des kleinen Käfigs, in dem ich es geschnappt hatte, ganz weit auf. Aber das »schlechte Gewissen« blieb einfach hocken und sah mich vorwurfsvoll an. Es hatte sich in all den Jahrzehnten gut bei mir eingelebt und hatte mit seinen Einflüsterungen immer viel Erfolg bei mir gehabt. Natürlich zog es jetzt nicht freiwillig ab. Ich musste ihm mehrere kräftige Tritte verpassen, um es dazu zu bringen, mich zu verlassen. Und wenn ich nicht aufpasse, kommt es zurück und setzt sich wieder auf meine Schulter, um mir dumme Sachen einzuflüstern. Es ist also nicht einfach, ein »schlechtes Gewissen« loszuwerden. Ein erster Schritt ist es, zu erkennen, woher dieses »schlechte Gewissen« gekommen ist. Ich habe es bei dieser Autofahrt von Köln nach Mainz erkannt.

---

### Übung: Wem wirst du ähnlich?

Beim Autofahren – vorausgesetzt Sie sitzen nicht selbst am Steuer – kann man so wunderbar seine Gedanken laufen lassen. Ich habe die besten Ideen im Auto. Ihnen würde ich aber eine andere Umgebung empfehlen. Es soll bequem und ruhig sein. Keine Angst vor dem Einschlafen, Sie werden sich so viele Fragen stellen und beantworten müssen, dass an Schlaf gar nicht zu denken ist. Im Gegenteil: Sie werden hellwach sein. Wichtig ist auch, dass Sie wirklich ungestört sind, damit Sie in Ihren Gedankengängen nicht gestört werden. Sie können dazwischen auch die Augen schließen, um sich die jeweiligen Situationen gut vorstellen zu können.

**Schritt 1:**
Malen Sie sich eine Situation aus, in der Sie typischerweise ein schlechtes Gewissen bekämen. Malen Sie das Bild so bunt und realistisch wie möglich.

*In meinem Fall liege ich auf der Couch, lese genüsslich eine Frauenzeitschrift, informiere mich über Kuchenrezepte und ferne Reiseziele. Ich liege schon lange auf der Couch. Mehrere Stunden, ohne irgendwas zu tun. Außer zu lesen. Ab und an döse ich auch ein wenig. Die Woche war anstrengend, und so genieße ich mit allen Sinnen mein faules Dasein. Mein Mann bringt mir eine Tasse Kaffee oder ein Stück Schokolade, worüber ich mich freue.*

Dieses wundervolle Szenario hat so natürlich nur selten stattgefunden, denn meist hat mich das »schlechte Gewissen« schon nach zehn Minuten von der Couch geschmissen und mich in den Garten oder in irgendein Zimmer des Hauses getrieben, in dem es etwas zu tun gab.

Haben Sie sich Ihre Szene bildlich vorgestellt? Schreiben Sie sie auf oder malen Sie sie. Mit so vielen Einzelheiten wie möglich.

........................................................................................................................

........................................................................................................................

........................................................................................................................

........................................................................................................................

........................................................................................................................

........................................................................................................................

........................................................................................................................

........................................................................................................................

........................................................................................................................

Vielleicht spüren Sie schon beim Aufschreiben, wie sich das »schlechte Gewissen« einschleicht. Vielleicht müssen Sie die Szene gar nicht selbst durchleben, schon der Gedanke daran weckt das »schlechte Gewissen«.

**Schritt 2:**

Jetzt denken Sie über folgende Frage nach: Wenn Sie so sein könnten, wie Sie es oben beschrieben haben – wenn Sie faul sein könnten ohne schlechtes Gewissen, oder wenn Sie verreisen könnten und Ihre Familie allein lassen könnten ohne schlechtes Gewissen –, wem aus Ihrer Familie oder dem engsten Kreis würden Sie dann unähnlich werden?

*Wenn mein Freund aus Hamburg voller Spaß diese Woche Skifahren genießen würde, würde er dann seinem Vater oder seiner Mutter oder seinem viel älteren Bruder oder einem seiner Großeltern unähnlich werden?*

Der Hintergrund der Frage ist folgender: Man geht davon aus, dass sich Familienmitglieder in ihrem »System Familie« in weiten Teilen ähnlich sein wollen. Die Eltern oder Großeltern dienen als Vorbild. Wenn Sie sich anders verhalten als Ihre Vorbilder, werden Sie denen unähnlich, und das ist oft unbewusst nicht erwünscht, weil man sich sozusagen zum Außenseiter des eigenen Systems macht. Daran hat man erst mal – außer als Teenager – wenig Interesse.

Denken Sie nach, gehen Sie in sich und seien Sie ehrlich zu sich: Würden Sie jemandem aus Ihrem Familiensystem unähnlich werden, wenn Sie so wären, wie Sie es oben beschrieben haben? Schreiben Sie es hier auf, wem Sie unähnlich werden würden und warum.

........................................................................................................

........................................................................................................

........................................................................................................

........................................................................................................

Wenn es so ist, dass Sie jemandem unähnlich werden würden, dann können Sie direkt zu Schritt 4 weitergehen. Ansonsten machen Sie bei Schritt 3 weiter.

**Schritt 3:**

Wenn Sie niemandem in Ihrem System unähnlich werden, dann werden Sie vielleicht jemandem ähnlich? Überprüfen Sie gedanklich nochmals die Szene, die Sie beschrieben haben. Wenn Sie so wären wie oben beschrieben, würden Sie jemandem aus Ihrer Familie ähnlich werden?

Hier ist der Hintergrund folgender: Manchmal sind die Vorbilder in unserem System eher abschreckend. Das heißt, wir wollen auf keinen Fall so werden wie ein Elternteil, und tendieren daher in das entgegengesetzte Verhalten.

Schreiben Sie hier auf, wem und warum:

........................................................................................................

........................................................................................................

........................................................................................................

........................................................................................................

........................................................................................................

........................................................................................................

........................................................................................................

........................................................................................................

........................................................................................................

**Schritt 4:**

Wenn Sie jetzt wissen, wem Sie aus Ihrem Familiensystem ähnlich bzw. unähnlich werden würden, dann fragen Sie sich: Gibt es einen Grund, warum ich diesem Menschen NICHT ähnlich bzw. NICHT unähnlich werden möchte?

Denken Sie in Ruhe darüber nach. Lassen Sie sich Zeit und trauen Sie sich, auch unangenehme Gedanken hochkommen zu lassen. Gerade in Familien werden unangenehme Eigenschaften der Vorbilder gerne verdrängt. Vieles will man nicht wahrhaben, denn Vorbilder sollen fleckenlos glänzen. Doch oft tun sie das nicht, und deswegen versucht man aus Liebe und aus dem Gefühl der Zusammengehörigkeit, diese dunklen Flecken zu übersehen. Doch wenn Sie Ihrem »schlechten Gewissen« an die Gurgel wollen, wenn Sie es loswerden wollen, müssen Sie ganz genau hinsehen.

In meiner Coachingausbildung erzählte mein Ausbilder folgende Geschichte: Er hatte einen jungen Mann als Coachee, der sein Medizinstudium gut schaffte, aber bei den wichtigen Prüfungen durchgefallen war. Keiner konnte sich das erklären. Im Gespräch stellte sich heraus, dass der junge Mann Eltern und Großeltern hat, die als Mediziner vor allem viel gearbeitet haben. In den Augen des jungen Mannes hatten sie nichts vom Leben, und er wollte so nicht leben. Er wollte ihnen also nicht ähnlich werden und versagte deswegen in den Prüfungen. Erst als mein Ausbilder mit ihm klären konnte, dass man auch als Mediziner ein gutes Leben führen kann, klappte es mit den Prüfungen.

Also: Welche Gründe gibt es bei Ihnen, einem Menschen aus Ihrem System NICHT ähnlich bzw. NICHT unähnlich werden zu wollen? Schreiben Sie es auf:

..................................................................................................

..................................................................................................

..................................................................................................

........................................................................

........................................................................

........................................................................

Jetzt wissen Sie, warum Sie einem bestimmten Menschen nicht ähnlich bzw. unähnlich werden wollen. Jetzt bleibt noch die Frage: Wie realistisch ist es, dass Sie diesem Menschen tatsächlich ähnlich bzw. unähnlich werden, wenn Sie so werden wie oben beschrieben? Schreiben Sie es als Prozentzahl oder beschreiben Sie es in Worten. Ist die Wahrscheinlichkeit groß, mittel oder eher klein, dass Sie diesem Menschen aus Ihrem Familiensystem ähnlich bzw. unähnlich werden, wenn Sie das machen, was Ihnen das »schlechte Gewissen« verbieten will?

........................................................................

........................................................................

........................................................................

........................................................................

........................................................................

........................................................................

> Vermutlich werden Sie zu dem Ergebnis kommen, dass die Wahrscheinlichkeit eher gering ist, dem anderen ähnlich oder unähnlich zu werden. Denn Sie sind nicht wie Ihre Mutter oder Ihr Vater oder Ihre Großeltern. Das bedeutet auch, dass das »schlechte Gewissen« nichts mit Ihnen zu tun hat. Dass es zu einem anderen Familienmitglied gehört und Sie es nur adoptiert haben. Wenn Sie das erkannt haben, können Sie anfangen, es zu verabschieden. Das wird sicherlich nicht von heute auf morgen gehen. Das schlechte Gewissen ist schließlich schon lange Gast bei Ihnen. Aber jedes Mal, wenn es auftaucht, können Sie höflich, aber bestimmt die Tür vor seiner Nase wieder zumachen. Das wird am Anfang etwas Energie kosten, aber je häufiger Sie dem schlechten Gewissen die Tür nicht aufmachen, umso seltener wird es anklopfen. Bis es eines Tages ganz wegbleibt.

## Besser nicht werden wie der Vater

Mein Freund aus Hamburg hatte sein schlechtes Gewissen seinem Vater zu verdanken. Denn wenn er voller Spaß beim Skifahren gewesen wäre und problemlos seine Familie zu Hause »vernachlässigt« hätte, wäre er seinem Vater ähnlich geworden. Und das wollte er nicht. Sein Vater erlaubte den vier Kindern sehr viel, war aber für diese und ihre Sorgen selten ansprechbar. Und so wollte mein Freund nicht werden. Deswegen hatte er ein schlechtes Gewissen, denn in seinen Augen »vernachlässigte« er während seiner Skifreizeit seine Tochter. So wie sein Vater es mit ihm getan hatte. Dennoch wollte er auf diese Woche im Schnee nicht verzichten und zahlte jahrelang den Preis des schlechten Gewissens. Als ich ihn fragte, wie sehr er seine Tochter denn die restlichen 51 Wochen im Jahr »vernachlässigte« und ob er tatsächlich wie sein eigener Vater nie für die Tochter da sei, musste er feststellen, dass er doch ein ganz anderer Vater war. Dass er sehr wohl Ansprechpartner für seine Tochter war. Nur eben in dieser einen Woche nicht.

Meine Freundin hatte aus einem ähnlichen Grund ein schlechtes Gewissen. Ihre Eltern kümmerten sich beruflich sehr um andere Menschen, hatten dadurch aber wenig Zeit für die eigenen Kinder. Das wollte meine Freundin besser machen, spürte aber, dass sie in den Wochen, in denen sie verreist war, ein ähnliches Verhalten zeigte wie die Eltern. Auch sie musste sich erst bewusst werden, dass sie ihren Eltern beim Thema Kindererziehung ansonsten wenig ähnlich war. Sie musste lernen, sich ihre Vortragsreisen zu »genehmigen«, um die restliche Zeit des Jahres mit Freuden voll für ihre Kinder da sein zu können.

In meinem Falle war es mein Vater, der für mein »schlechtes Gewissen« sorgte. Wenn ich bequem das Leben genießen würde und vieles, was in Haus und Garten getan werden muss, einfach übersehen würde, wäre ich meinem Vater ähnlich geworden, und das wollte ich auf keinen Fall. Mein Vater war nicht faul, aber in vielen Fällen bequem. Er ging oft den einfachsten Weg, um auf die eine oder andere Annehmlichkeit nicht verzichten zu müssen. So blieb bei uns zu Hause vieles ungetan. Ich hatte also gute Gründe, nicht werden zu wollen wie mein Vater. Als ich das erkannte, fragte ich mich weiter, wie groß denn die Wahrscheinlichkeit wäre, dass ich werde wie mein Vater, wenn ich regelmäßig auf dem Sofa liege und nichts tue. Die Antwort war eindeutig: Die Wahrscheinlichkeit ist sehr, sehr gering. Und damit war für mich auch klar, dass es für mich keinen Grund gab, ein »schlechtes Gewissen« zu haben. Ich würde meinem Vater auf keinen Fall ähnlich werden, egal wie lange ich auf der Couch liege. Das war eine wirklich gute Erkenntnis.

Heute kann ich Dinge gut liegen lassen, wenn ich merke, dass es Zeit für eine Pause ist. Ich höre mehr auf meinen Körper als auf mein schlechtes Gewissen. Heute muss das Aufräumen oder Ausmisten oder Besorgen warten, bis die Kräfte wieder da sind. Da kann mein schlechtes Gewissen so lange an die Tür klopfen, wie es will.

Wenn Sie herausgefunden haben, warum Sie das schlechte Gewissen immer wieder heimsucht, dann können Sie es verscheuchen. Dann ist Platz, um das, was Sie gerne machen, auch endlich mit gutem Gewissen zu machen. Und dann wird statt des schlechten Gewissens Lebensfreude bei Ihnen einziehen.

## Das Wichtigste der Lebensfreuderegel 13:
## Werde immer mehr der Mensch, der du bist

♫ Kinder werden von ihren Eltern oft für ihre sogenannten »schlechten« Eigenschaften kritisiert. Mit der Folge, dass sie lernen, diese zu unterdrücken. Können Menschen nicht mehr sein, wie sie sind, führt das zu Frust und Missstimmungen.

♫ Überlegen Sie, wie Sie als Kind waren. Welche waren Ihre »guten« Eigenschaften, welche Ihre »schlechten«, und welche der Eigenheiten haben Sie zu unterdrücken gelernt? Wenn Sie die unterdrückten Eigenschaften leben, kommt dann das schlechte Gewissen hervor?

♫ Denken Sie darüber nach, wem in Ihrer Familie Sie unähnlich werden würden, wenn Sie Ihre unterdrückten Eigenheiten leben. Wenn Sie keinem unähnlich werden würden, überlegen Sie, wem Sie ähnlich werden würden. Gibt es Gründe, jemandem nicht unähnlich beziehungsweise jemandem nicht ähnlich werden zu wollen? Oft unterdrücken Erwachsene in ihnen schlummernde Charaktermerkmale, weil sie nicht so werden wollen wie die Eltern beziehungsweise weil sie nicht anders sein wollen.

♫ Einmal angenommen, Sie würden Ihre Eigenheiten leben, wie realistisch ist es, dass Sie Ihrem Vater / der Mutter / den Vorbildern völlig ähnlich / unähnlich werden würden? Vermutlich werden Sie feststellen, dass Sie in vielen Facetten eigenständig sind und deswegen getrost die unterdrückten Eigenschaften leben können. So können Sie immer mehr der Mensch werden, der Sie eigentlich sind.

# Lebensfreuderegel 14:
# Lebe im Hier und Jetzt

Julia Klöckner, Jahrgang 1972, war neun Jahre Bundestagsabgeordnete und Parlamentarische Staatssekretärin. Seit 2011 ist sie Vorsitzende der CDU-Fraktion und Vizevorsitzende der CDU Deutschlands.

Julia Klöckner hat einen extrem gefüllten Terminkalender. Doch einige private Termine sind nicht verhandelbar. Die braucht sie für ihre Lebensfreude.

© CDU RLP

## Julia Klöckner: »Wer mit sich selbst hadert, kann kein Segen für andere sein.«

Was macht eine Frau wie Julia Klöckner eigentlich abends vor dem Einschlafen? Nun – erst mal kommt sie immer spät ins Bett. Weil sie meist bis in die Nacht Termine hat. Und weil sie dann dem Tag vor dem Zubettgehen noch eine private Zeit »abtrotzt«. Musik hört, ein Glas Wein trinkt oder in einem Buch liest. Das ist ihre Art, auf sich zu achten.

Aber was tut sie, wenn sie endlich im Bett liegt? Eine wie Julia Klöckner schläft nicht gleich. »Schlaf wird überbewertet«, sagt sie lachend. Abends im Bett sucht sie nach den schönen Momenten des Tages. »Ich finde, man sollte fast jeden Tag irgendeinen freudigen Moment haben, sonst ist es ja betrüblich. Das kann sein, wenn man Mitarbeiter trifft, wenn man einen gemeinsamen heiteren Moment oder ein tolles Gespräch hat.« Doch solche Momente gehen in der Hektik ihres Alltags oft unter, deswegen bemüht sie sich, diese zu entdecken, indem sie den Tag Revue passieren lässt. »Das mache ich häufig abends im Bett. Ich denke nach, wie war denn der Tag. Da fällt mir häufig erst auf, wie voll er war, und dann fallen mir nette Begegnungen wieder ein, und das freut mich.«

**Abends im Bett suche ich nach den schönen Momenten des Tages**

»Nette Begegnungen« können für die Winzertochter sogar bei einer Beerdigung stattfinden. Es war die Trauerfeier für eine ehemalige Staatssekretärin, eine Vorkämpferin für Frauenrechte, eine alte Dame, die mit 87 Jahren eingeschlafen war. »Das war mit die beeindruckendste Trauerfeier, die ich seit Langem erlebt habe. Es waren gar nicht so viele Leute anwesend. Aber die Verstorbene war das Besondere. Die Reden über sie waren beeindruckend. Sie war eine Frau mit Format. Statt Trauerfeier, statt Trübseligkeit strahlte das Ganze viel Kraft aus. Das war ein besonderer Moment heute. Auf dem Weg zum Grab die Gespräche mit anderen. Die Beerdigung hatte auch freudige Momente. Ich war beeindruckt. Das bleibt hängen im Tagesablauf.«

Das ist das Besondere an Julia Klöckner. Sie findet überall etwas Positives. Sie ähnelt einem Stehaufmännchen. Selbst als sie die Landtagswahl 2016 in Rheinland-Pfalz verlor, obwohl sie wenige Wochen vor der Wahl einige Punkte vor der amtierenden Ministerpräsidentin Malu Dreyer lag, stand sie kurz danach wieder da. Zugegeben etwas angeschlagen, aber kämpferisch wie eh und je.

## Aus jeder Krise entsteht ein neues Kraftzentrum

Kämpfen, sich durchbeißen, viel arbeiten – das hat Julia Klöckner auf dem Weingut ihrer Eltern früh gelernt. Wenn die Klassenkameraden sonnengebräunt aus dem Mallorca-Urlaub kamen, hatte sie einen braunen Teint vom Arbeiten im Weinberg. Dennoch hatte sie eine glückliche Kindheit. »Wenn man im Weingut groß wird, dann ist das erst mal ziemlich lebensfroh. Wir hatten zu Beginn viele Tiere, und das ist ja für Kinder ein Traum, einen riesigen Hof. Und ich habe Traktorfahren gelernt und Mofa und alles, bevor ich überhaupt meinen Führerschein hatte. Das war eine sehr unbeschwerte Kindheit, aber keine im Überfluss.« Der Hof in Guldental ist heute der Platz für Auszeiten. Bei all ihren Terminen muss sie sich »Inseln« schaffen, sonst kommt sie nie zur Ruhe. »Für andere ist das Alltag, aber wenn ich nach Guldental fahre, zu Hause bei der Familie vorbeischaue, zum Kaffeetrinken, und wir backen gemeinsam Waffeln, dann ist das bei mir was Besonderes, weil ich viel unterwegs bin. Da werden viele sagen, ist das banal. Da es das für mich nicht ist, ist das ein Teil meiner Lebensfreude. Mein Vater ist schon 82, und da denke ich mir, wer weiß, wie lange wir uns noch haben. Die gemeinsamen Treffen, dieses gemeinsame Zusammensitzen und Erzählen haben wir auf der Habenseite.«

> Bei all meinen Terminen muss ich mir »Inseln« schaffen, sonst komme ich nie zur Ruhe

Das kann ihr keiner mehr nehmen. Sie weiß, wie wichtig Familie und alte Freunde sind. Sie weiß das, weil sie den Verlust kennt. Ihre Mutter verließ die Familie, als sie 18 war. Darüber redet Julia Klöckner nicht oft. Das ist Privatsache. Zu oft wurden daraus Geschichten gemacht – von den Medien oder der Politik. Dafür gewährt sie einen Einblick in ihr Leben, als sie vom Beinaheverlust eines ihrer besten Freunde erzählt. »Es gab mal einen Warnschuss eines Lebensfreundes von mir. Er sagte mir, dass ich in Gedanken nur noch im Job sei, damals als Staatssekretärin. Als er mir das ziemlich unverblümt sagte, habe ich alle Termine abgesagt und bin zu ihm hin und habe geredet.« Auch aus diesem Erlebnis kann die studierte Theologin etwas Gutes ziehen. »Da habe ich dann wieder gemerkt, dass aus einer Krise ein Umdenken wird, und das hat mich dann auch wieder stärker gemacht.«

Sie nutzt Krisen, um daran zu wachsen. Und das macht sie ganz bewusst. »Ich bin keine, die sich bei Tiefen des Lebens betäubt. Es gibt ja den Typus ›abfeiern, wegfahren, ablenken‹. Das bin ich nicht. Da geh ich erst mal in mich, denke nach. Ich beschäftige mich dann erst mal mit mir selbst, brauche dann meine Ruhe.«

Auf der anderen Seite weiß sie um die Kraft gemeinsamer Überlegungen. Sie bespricht sich gern mit Freunden, Familie, Liebsten oder bei beruflichen Herausforderungen mit ihren Mitarbeitern. »Ich finde, wenn man zusammensitzt, kann aus Enttäuschung oder Ratlosigkeit sogar ein neues Kraftzentrum entstehen. Bei wirklichen Einschnitten nehme ich also einen Gang raus, um darüber nachzudenken. Um mich dann aber auch mitzuteilen. Reden ist sehr hilfreich in schwierigen Phasen.«

**Reden ist sehr hilfreich in schwierigen Phasen**

Am liebsten denkt Julia Klöckner auf dem Rennrad nach. Die gleichförmige Bewegung in schöner Natur hilft, Gedanken nachzugehen, für die sie im Alltag überhaupt keine Zeit findet. »Wenn ich auf dem Rennrad sitze, dann schwingen meine Gedanken, dann freue ich mich am Moment, aber dann kommt so eine Metaebene. Wenn ich mal in diesem Perpetuum mobile des Rennradfahrens bin, dann passiert es, dass ich auf eine nächste, nicht von mir gelenkte Ebene komme, dann suchen sich die Gedanken einfach ihren Weg – über die Zukunft und Vergangenes, und dann habe ich weder Druck noch Unruhe, bin mit mir ganz im Lot, habe neue Ideen, auf die ich am Schreibtisch gar nicht gekommen wäre.«

## Freundschaften schaffen Lebensfreude

Die Zeit auf dem Rennrad gehört zu den »Inseln«, die sich Julia Klöckner regelmäßig einrichtet, um im hohen Tempo weitermachen zu können. Um Erlebtes nicht nur zu sammeln, sondern um es verarbeiten zu können. Eine Insel wird nach Möglichkeit dann angesteuert, wenn sie merkt, dass der Rhythmus durch Termine, Veranstaltungen, durch die Vielzahl der Menschen, die sie ansprechen, durch E-Mails,

Post und Akten, kurz durch alles, was ihr von außen vorgegeben wird, immer schneller, immer kurzatmiger wird.«Wenn ich an einem Sonntag frei habe, was wirklich Luxus ist, dann gibt es da ein Ritual. Ausschlafen oder in den Gottesdienst gehen. Gemeinsam Frühstücken, Sonntagszeitung lesen und einfach den Tag laufen lassen, auch die Musik im Hintergrund. Das ist für mich ›achten auf sich selbst‹, und in der Tat gehört dann auch Schlaf dazu.« Es gibt noch andere – wenige – Rituale und Inseln, die nicht verhandelbar sind. Einmal im Jahr fährt sie mit Freunden aus der Jugend weg. Nicht selten kommt sie als Letzte dazu und muss als Erste weg. Aber sie ist dabei. Ein anderes Ritual gibt es seit zwanzig Jahren immer am zweiten Weihnachtsfeiertag.»Das Turkeyessen in großer Runde. Wäre ich da nicht dabei, würde ich selbst am schönsten Ort der Welt sitzen, ich wäre nicht glücklich. Freundschaften muss man einfach pflegen. Das bringt Lebensfreude.« Diese Termine sind Julia Klöckner so wichtig, dass sie dafür schon mal einen beruflichen Termin absagt. Und das macht sie selten. Nicht aus Ehrgeiz. Sondern aus Pflichtgefühl. Auch das hat sie zu Hause im Weingut gelernt.

> Freundschaften muss man einfach pflegen. Das bringt Lebensfreude

## »Eine gewisse Heiterkeit und Lust am Humor trägt mich durch mein Leben.«

Die Lebensfreude lässt sich Julia Klöckner auch bei allen politischen Stürmen nicht nehmen.»Grundsätzlich bin ich eher ein heiterer Mensch, ich habe auch eine recht schnelle Eigenregeneration. Auch wenn etwas anstrengend oder betrüblich war. Da bin ich schnell wieder beisammen. Ich empfinde mich selbst als belastbar, so schnell haut uns Mädchen vom Land nichts um. ›Geländegängig‹ hat das mal jemand genannt, das passt. Ja, ich glaube, dass so eine gewisse Heiterkeit und Lust am Humor und am Dasein mich durch mein Leben trägt.« Dabei definiert sie Lebensfreude eher klein. Es ist nicht die weite Reise, sondern das, was sie vor der Haustür findet.»Bei mir spielt Natur eine ganz große Rolle. Rauszugehen ist für mich ein Aha-Effekt, wenn die

Sonne scheint, auch wenn der Regen die Natur verwandelt, wenn man die Wechsel spürt, der Herbst kommt. Jahreszeiten zu erleben, Schönheit wie Rauheit, Gerüche, Erinnerungen, das ist für mich ein Stück Lebensfreude, und dafür kann man echt selbst was tun.« Zum Beispiel das Handy mal ausmachen. Und den Blick von unten – vom Telefon – nach oben – in die Sonne – richten. Doch sie weiß auch, dass sich Menschen unterschiedlich leicht mit Lebensfreude tun. »Es gibt Menschen, die sind eher bedächtig, fast trübselig, sie tun sich schwer, und andere, die kommen heiter daher. Es ist schon eine Frage der Veranlagung. Das ist das eine. Das andere sind sicherlich die Umstände. Wenn man in einem Krieg geboren wird, wenn man in einer Krise geboren wird, wenn man unter materieller Not groß wird oder krank ist, geht man sicherlich anders durch die Welt. Aber auch selbst dort gibt es Momente, die vom Alltag abweichen und Glücksmomente sind. Ich bin schlichtweg dankbar, hier in einer friedlichen Zeit und ohne materielle Not geboren zu sein. Das ist nicht mein Verdienst, selbstverständlich ist das nicht.« Julia Klöckner ist sich sicher, dass jeder daran arbeiten kann, Lebensfreude bewusst wahrzunehmen.

**Jeder kann daran arbeiten, Lebensfreude bewusst wahrzunehmen**

## Leben im Hier und Jetzt

Ihr Mittel der Wahl: Leben im Hier und Jetzt. Sich an dem Moment erfreuen und nicht immer nach der Zukunft schielen, Sorge haben, dass das Schöne nicht bleibt. »Wenn man immer nur nach dem Morgen hetzt, dann verliert man heute die Leute, die man eigentlich morgen gerne an seiner Seite hätte. Dann verliere ich den Boden, den ich für die Zukunft bräuchte. Oder wenn ich in der Vergangenheit bin, dann bleibe ich irgendwo hängen. Also das Im-Hier-und-Jetzt-Sein ist schon sehr, sehr wichtig, weil man daher auch die Kraft kriegt für den eigenen Antrieb und die eigene Motivation.«

Und noch etwas hilft, Lebensfreude zu erhalten. »Die Eigenliebe ist wichtig, sich selbst anzunehmen. Wenn man mit sich selbst ständig hadert, ist das auch eine Belastung für andere. Wer mit sich selbst ständig unzufrieden ist, sich nicht annimmt, kann kein Segen für andere sein. Neben der Eigenliebe gibt es in unserem Christentum das Gebot der Gottesliebe, der Nächstenliebe und sogar der Feindesliebe. Sich selbst anzunehmen, ist eine Grundvoraussetzung, um glücklich zu sein und um anderen Gutes zu tun.«

Anderen Gutes tun – dafür ist Julia Klöckner in die Politik gegangen. Dafür geht sie seit vielen Jahren immer wieder über ihre Grenzen. »Grenzen sind sehr volatil. Hätte ich vor 15 Jahren, da habe ich begonnen mit Politik, einmal spüren können, wie mein Tagesablauf heute ist, hätte ich bestimmt gezögert. Aber wenn man im Lauf ist, dann wächst man mit den Aufgaben, dann ist man auch immer fähiger, belastbarer, man wird die Grenzen selbst verschieben. Das kann ein Segen sein, kann aber auch ein Fluch sein, weil man immer noch mal einen Schritt weitergeht. Die Balance ist wichtig.«

> Sich selbst anzunehmen, ist eine Grundvoraussetzung, um glücklich zu sein

Was hilft ihr dabei, immer noch einen Schritt weiterzugehen? »Humor hilft. Genuss hilft oder für andere da zu sein.« Julia Klöckner wird wohl noch viele Grenzen verschieben und hoffentlich immer rechtzeitig eine Insel ansteuern.

## Das Wichtigste der Lebensfreuderegel 14:
## Lebe im Hier und Jetzt

♫ Leben Sie jeden Moment im vollen Bewusstsein. Achten Sie mit allen Sinnen auf Ihre Umgebung. Erleben Sie die Jahreszeiten. Beobachten Sie die Menschen, mit denen Sie zu tun haben, und hören Sie ihnen mit aller Aufmerksamkeit zu. Sie werden erstaunt sein, wie durch das Leben im Hier und Jetzt die Lebensfreude wächst.

♫ Lieben Sie sich selbst. Nur wenn es Ihnen gut geht, können Sie anderen Gutes geben. Wenn Sie nicht gut zu sich selbst sind, werden Sie eine Belastung für andere.

♫ Holen Sie sich Rat, wenn Sie nicht weiterwissen. Reden Sie mit Familienmitgliedern, Freunden oder Kollegen. Auch aus einer Krisensitzung ist schon viel Lebensfreude entstanden.

♫ Pflegen Sie Freundschaften. Gute Freunde tragen Sie durchs Leben.

# Lebensfreuderegel 15:
# Sei dir deiner Wahlmöglichkeiten bewusst

Spielen Sie gedanklich auch gern das Spiel: »Was würde ich tun, wenn ich ein paar Millionen im Lotto gewinnen würde?« Sind Sie zu einem Ergebnis gekommen, wie Ihr Leben dann aussehen würde? Ich nicht. Immer wieder muss ich feststellen, wie schwer es ist, eine Entscheidung zu treffen, wenn die Wahlmöglichkeiten groß sind. Und je größer die Wahlmöglichkeiten (sprich: je größer der Jackpot, den ich theoretisch gewinnen könnte), desto unmöglicher die Entscheidung. Wenn man im Leben alles tun könnte, wenn alle Wege offen sind, fallen die Entscheidungen schwer. Das ist wie im chinesischen Restaurant. Bei der Wahl zwischen 290 Gerichten kann es dauern, bis ich mich entschieden habe – um dann wie immer Ente mit Gemüse und Reis zu nehmen.

Im wirklichen Leben sind die Wahlmöglichkeiten jedoch oft mehr als beschränkt. Man kann das eine tun oder genau das lassen. Fertig. Das glauben zumindest viele. Immer wieder muss ich bei Coachinggesprächen hören, wie eingefahren Menschen bei der Suche nach Lösungen sind. Es gibt die eine Lösung oder die andere. Punkt. Dabei macht es viel Sinn, sich kreativ nach allen Seiten umzuschauen. Denn mangelnde Alternativen führen dazu, dass Menschen gar nicht erst anfangen, etwas in ihrem Leben zu verändern. Wenn auch Sie häufiger das Gefühl haben, etwas in Ihrem Leben verändern zu wollen, aber keine Wahl zu haben, dann werden Sie die möglichen Lösungen in der folgenden Geschichte vermutlich ein wenig überraschen.

»Ich habe alles erreicht, was ich immer erreichen wollte. Aber beim Thema Zufriedenheit ist noch Luft nach oben.« Diese Mail bekam ich von Clara, einer erfolgreichen Unternehmensberaterin und sehr gepflegten Frau Ende vierzig. Ihre Karriere bröckelte nach der Fusion ihrer Firma, daher wollte sie sich als Finanzberaterin selbstständig machen. Ihre Pläne waren gut durchdacht, doch der Rückhalt ihres Mannes war nicht besonders groß. Überhaupt ihr Mann … eine echte Herausforderung. Sexuell sei das nie wirklich erfüllend gewesen, aber als man sich mit Anfang vierzig kennen und schätzen lernte, dachte sie, das würde für den Rest des Lebens ausreichen. Außerdem könne man sich mit ihm wirklich gut auf beruflicher Ebene austauschen, erzählte sie mir. Auf meine Frage, warum sie denn bei ihm bliebe – finanziell sei sie ja schließlich unabhängig und Kinder gebe es auch nicht –, antwortete sie ein bisschen ironisch: »Es ist schon schöner, wenn man mit einem Mann auf eine Party geht. Dann wird man von den anderen Frauen nicht gleich so negativ angeschaut.« Außerdem sei sie gerne verheiratet. Und damit steckt Clara in einer Zwickmühle. Eigentlich ist sie nicht wirklich glücklich mit ihrem Mann, aber ganz allein wäre sie auch nicht zufriedener. Was also tun?

Trennung oder nicht? Das sind die beiden Möglichkeiten, die zu diesem Thema genannt werden. Doch wenn Sie ein bisschen kreativer nachdenken, dann fallen Ihnen bestimmt noch einige – zugegeben ungewöhnliche – Lösungen ein. Aber wer sagt, dass Lösungen immer gewöhnlich sein müssen? Grundsätzlich sollten Sie sich darüber bewusst sein, dass Sie im Leben immer mehr als zwei Wahlmöglichkeiten haben.

Es gibt eine alte Geschichte aus der indischen Rechtslehre, die das Prinzip der vielen Möglichkeiten wunderbar darstellt.

Zwischen zwei Dörfern gab es einen Brunnen, und um diesen Brunnen gab es Streit. Jedes Dorf behauptete, der Brunnen gehöre ihm. Da man sich nicht einigen konnte, zog man vor Gericht. Welche Möglichkeiten der Entscheidung hatte der Richter? Er konnte den Brunnen dem Dorf A zusprechen oder dem Dorf B. Richtig? Ja! Aber es könnte doch auch sein, dass der Brunnen beiden Dörfern gehört oder aber keinem von beiden.

Und so wie in dieser Geschichte hat man immer mehr als zwei Möglichkeiten zu wählen. Sie können »das eine«, »das andere«, »beides« oder »keins von beidem« wählen. Bei den letzten beiden Möglichkeiten muss man in manchen Fällen ein bisschen Fantasie einsetzen, um mögliche Lösungen zu finden.

Dröseln wir das am Beispiel von Clara auf:

- Lösung A (das eine) könnte sein: Es bleibt für Clara alles, wie es ist. Die Beziehung zu ihrem Mann macht sie nicht glücklich, aber sie hat Vorteile.
- Lösung B (das andere) könnte sein: Clara trennt sich von ihrem Mann. Das würde sie unabhängiger machen und die Chance auf ein Glück mit einem anderen Mann vergrößern, aber den Schritt traut sich Clara nicht, weil sie das Gefühl »verheiratet zu sein« sehr schätzt.
- Lösung C (beides) könnte sein: Wenn sich Clara nicht von ihrem Mann trennen will, aber in der Gemeinsamkeit auch nicht glücklich ist, könnte sie sich eine eigene Wohnung nehmen, sich damit etwas mehr emanzipieren und ihren Mann treffen, wenn beide Lust darauf haben. Also ein bisschen verheiratet und ein bisschen getrennt.
- Für Lösung D (keins von beidem) muss man nun etwas fantasievoll sein: Clara könnte sich inoffiziell von ihrem Mann trennen, also nur er und sie (und vielleicht die beste Freundin) wissen davon. So kann Clara nach außen hin weiter verheiratet sein und muss nicht ohne Partner zu Partys (oder kann behaupten, ihr Mann sei krank). Trotzdem hätte sie eine viel größere Unabhängigkeit und Freiheit für ihre eigenen Wünsche und Bedürfnisse. Lösung D geht in diesem Fall natürlich nur, wenn beide Partner damit einverstanden sind.

Vielleicht sind Sie jetzt skeptisch, weil Sie die Lösungen C und D befremdlich finden, gesellschaftlich nicht anerkannt oder einfach nur schräg. Das mag beim ersten Betrachten so sein. Aber wenn Sie sich länger mit der Thematik beschäftigen, werden Sie feststellen, um wie viel größer die Welt wird, wenn man sich bei seinen Entscheidungen nicht einschränken lässt. Ja, die Lösungen C und D mögen ungewöhnlich sein, aber vielleicht machen sie Clara und ihren Mann glücklich. Und nur darauf kommt es doch letztendlich an.

Man kann für vieles im Leben mehr als zwei Lösungen finden. Dafür braucht man ein bisschen Hirnschmalz und auch den Mut, mal anders zu denken und zu handeln. Spielen Sie einfach mal verschiedene Szenarien durch. Welche Möglichkeiten gibt es, wenn Sie in Ihrem Job nicht mehr glücklich sind?

A: Sie lassen alles, wie es ist, und leiden weiter.

B: Sie kündigen. Das würde Sie zwar einerseits befreien, aber eigentlich wollen Sie nicht wirklich gehen, denn die Kollegen mögen Sie schon. Die Sicherheit, die Ihr Job bietet, ebenfalls.

C: Sie arbeiten nur noch halbtags in der Firma und kochen während der anderen Tageshälfte Marmelade, die Sie im Internet verkaufen. Das ist nämlich Ihre eigentliche Leidenschaft, von der Sie aber (noch nicht) leben können.

D: Sie suchen sich innerhalb der Firma einen anderen Job. Und darüber hinaus gibt es noch weitere Möglichkeiten:

E: Sie machen ein Sabbatjahr und sehen dann weiter.

F: Sie besuchen Fort-und Weiterbildungen, um mittelfristig etwas zu verändern.

Wenn man noch länger darüber nachdenken würde, fände man bestimmt noch ein paar weitere Lösungen. Probieren Sie sich mal bei dieser Art des Denkens aus. Beruflich machen wir so etwas schon längst. Man trifft sich zum »Brainstorming«. Dabei dürfen alle Teammitglieder alle Ideen, die ihnen so einfallen, ins Spiel bringen. Es gibt keine Grenzen und (kaum) Tabus. So manche Idee, die man anfangs einfach als total bescheuert abgetan hat, war eine Sensation. Oder hätten die Menschen vor 50 Jahren glauben können, dass wir uns nur wenige Jahrzehnte später Briefe, Bilder, Videos in Sekunden quer durch die Welt schicken können?

Probieren Sie ein »Brainstorming« auch in Ihrem privaten Umfeld aus. Setzen Sie sich mit Menschen zusammen und denken Sie. Jeder soll seine Ideen ungefiltert auf den Tisch werfen. Sie werden sehen, wie viele Lösungen man finden kann, wenn man gemeinsam denkt. Noch erfolgreicher wird ein »Brainstorming«, wenn Sie sich dafür nicht immer die gleichen Menschen als Unterstützer suchen. Und schon gar nicht die, mit denen Sie sich das Problem, für das Sie keine Lösung finden, eingebrockt haben. Schon Albert Einstein wusste: »Man kann ein Problem nicht mit den gleichen Denkstrukturen lösen, die zu seiner Entstehung beigetragen haben.« Suchen Sie sich zum Querdenken Menschen aus ganz anderen Bereichen, Einkommensschichten, Altersstrukturen. Die sehen ganz anders auf Ihr Problem und finden daher auch ganz andere Lösungen. Am Anfang werden Sie sich vermutlich gegen diese »anderen Lösungen« sperren, weil sie Ihnen zu abwegig vorkommen. Aber wenn Sie einmal angefangen haben, »out of the box« zu denken, werden Sie schnell Gefallen daran finden.

Sollte es doch mal so sein, dass Sie die Wahl nur zwischen zwei Möglichkeiten haben, dann gilt Folgendes:

**Wenn du die Wahl hast, entscheide dich für das Positive.**

Bei den Gesprächen, die ich für dieses Buch geführt habe, kam immer wieder die Frage auf, inwiefern das Naturell eines Menschen mitentscheidend ist für das Maß der Lebensfreude. Die meisten sind der Meinung: Man tut sich leichter, wenn man der »Glas-halb-voll-Typ« ist, aber auch der »Glas-halb-leer-Typ« kann eine Menge selber tun.

Dr. Simone Schelberg ist Fernsehdirektorin des Südwestrundfunks in Mainz. Ich vermutete, dass sie von Natur aus eher zu den Optimisten gehört, denn man sieht sie oft lachen. So war ich etwas erstaunt, als sie mir erzählte, wie sehr sie in puncto Lebensfreude an sich arbeitet. Eines Sonntags, als sie allein in ihrer Wohnung saß und sie das Leben nicht im Allgemeinen, aber im Speziellen ziemlich nervte, schrieb sie alles auf einen Zettel, was sie als blöd empfand. Es waren viele »Kleinigkeiten« dabei. Zeiten, in denen man nichts gut findet, hat wohl jeder schon mal erlebt. Das sind die Zeiten, in denen nicht mal ein Glas Wein mit Oliven tröstet. Die Liste von Simone Schelberg begann mit

- Das ständige Klingeln des Telefons nervt mich.
- Dauernd in Hetze – das ist so anstrengend.
- Warum muss es heute regnen, obwohl wir doch einen Ausflug machen wollten?
- Wenn ich die weiße Bluse morgen anziehen will, muss ich sie noch bügeln.
- Die halb leere Weinflasche von vergangener Woche habe ich auch vergessen.

und ließ wenig aus, was einen an schlechten Tagen nerven kann. Man braucht so eine Negativliste gar nicht erst aufzuschreiben, um wirklich schlecht drauf zu sein. Schon Gedanken dieser Art reichen völlig aus. Und wenn man häufig und über viele Jahre so denkt, dann ist man entsprechend konditioniert. Es gibt Menschen, die können alles nur noch negativ sehen und betrachten auch andere Menschen nur als »Idioten«, »Volldeppen«, »Nichtskönner«. Dass so die Lebensfreude auf der Strecke bleibt, ist wirklich kein Wunder.

Dabei haben Sie oft die Wahl, was und wie Sie denken wollen. Sie können sich entscheiden: Nehmen Sie die negativen Gedanken und lassen sich davon runterziehen oder entscheiden Sie sich für das Positive und surfen damit beschwingt durch den Alltag?

Simone Schelberg hat sich an diesem Sonntag für die positiven Gedanken entschieden und hat ihre negativen Statements umgedreht.

- Aus »Das ständige Klingeln des Telefons nervt mich.« wurde: »Yippiiiieee! Das Telefon klingelt! Es denkt jemand an mich!«

- Aus »Dauernd in Hetze – das ist so anstrengend.« wurde: »Nimm nicht alles so wichtig. Wenn du es eilig hast, gehe langsam.«

- Aus »Warum muss es heute regnen, obwohl wir doch einen Ausflug machen wollten?« wurde: »Endlich Zeit für Nichtstun, das Miteinander genießen, Zeitung in Ruhe lesen, Musik hören.«

- Aus »Wenn ich die weiße Bluse morgen anziehen will, muss ich sie noch bügeln.« wurde: »Lass die Bluse hängen und ziehe einen Pullover an.«

- Und aus »Die halb leere Weinflasche von vergangener Woche habe ich auch vergessen.« wurde: »Der Abend, an dem die Flasche geöffnet wurde, war wunderschön.«

Manche von diesen Beispielen sind profan, aber sind es nicht die vielen gewöhnlichen Gedanken, die uns im Laufe des Tages runterziehen? Es ist nicht *der* große schlechte Gedanke am Tag, es sind die vielen kleinen negativen Sätze, die dafür sorgen, dass wir zunehmend missgelaunt sind.

Simone Schelberg hat sich an diesem verregneten Sonntag entschieden. Sie arbeitet seitdem an der Umkehr ihrer negativen Gedanken. Das fällt am Anfang natürlich schwerer, geht aber irgendwann in Fleisch und Blut über. Es ist reine Übungssache. Wenn man im Stau steht, kann man laut fluchen oder dankbar für die Zeit sein, weil man endlich mal wieder Atemübungen machen kann. Wenn der Sohn krank wird, gerade an dem Abend, an dem man mit dem Partner essen gehen wollte, kann man enttäuscht sein oder gemeinsam zu Hause kochen. Wenn man beim Arzt – trotz Termin – stundenlang warten muss, kann man sich schwindelig ärgern oder endlich das Buch, das man schon immer lesen wollte, lesen. Ich gehe zu keinem Arzt ohne Lektüre in der Tasche.

---

**ÜBUNG: Entscheiden Sie sich für das Positive**

Üben Sie sich im Positivdenken. Dafür schreiben Sie erst einmal alles Negative auf. Ihre Negativliste mit all dem, was Sie häufig nervt, können Sie jetzt direkt hier beginnen.

........................................................................................................

........................................................................................................

........................................................................................................

........................................................................................................

---

.........................................................................................

.........................................................................................

.........................................................................................

.........................................................................................

Nun finden Sie zu jedem negativen Punkt eine positive Assoziation. Schreiben Sie diese direkt dahinter. Am besten mit einem andersfarbigen Stift. Am Anfang macht es Sinn, sich die Gedanken aufzuschreiben. Vor allem die positiven! Nicht umsonst gibt es diesen schönen Satz: »Was mir durch die Hand geht, geht mir durch den Kopf.« Gerade zu Beginn müssen die neuen positiven Einstellungen festgehalten werden, damit sie eine Chance haben gegen die alten negativen. Wenn Sie die Übung regelmäßig machen, werden Sie bald keine schriftlichen Listen mehr brauchen.

Wenn sich mal wieder jemand in meinem Umkreis schwarzärgert über etwas, was er doch nicht ändern kann, sage ich immer nur: »Wenn ich irgendetwas ändern könnte, indem ich mich ärgere, würde ich das jetzt drei Tage lang mit dir tun. Aber wir ändern dadurch nichts. Also akzeptiere es, wie es ist, und finde das Gute daran.« Das funktioniert. Nicht nur bei Simone Schelberg, die seit ihrem »Umkehr-Sonntag« noch mehr lacht als zuvor.

## Das Wichtigste der Lebensfreuderegel 15:
## Sei dir deiner Wahlmöglichkeiten bewusst

♫ Sie haben im Leben mehr Wahlmöglichkeiten, als Sie vielleicht denken. Neben »der einen Lösung« und »der anderen« gibt es immer
auch »beide Lösungen« oder »keine von beiden«. Das hört sich erst
mal unverständlich an, bereitet aber mit etwas Kreativität den Weg
zu sehr vielen möglichen Lösungen.

♫ Auf dem Weg nach kreativen Lösungen hilft »Brainstorming«.
Laden Sie Menschen, denen Sie vertrauen, ein und besprechen Sie
Ihr Anliegen. Jede Idee soll auf den Tisch. Daraus können sich viele
ungeahnte Lösungen ergeben. Sprechen Sie auch mit Menschen,
die ganz anders sind als Sie selbst. Die finden Lösungen, an die Sie
selbst nie denken würden.

♫ Der kürzeste Weg für mehr Lebensfreude: Wenn Sie die Wahl
haben, negativ oder positiv zu denken, wählen Sie die positive
Sichtweise. Sie werden bald bemerken, wie sich Ihr Leben mit
Freude füllt.

# Lebensfreuderegel 16:
# Du bist für dein Glück allein
# verantwortlich

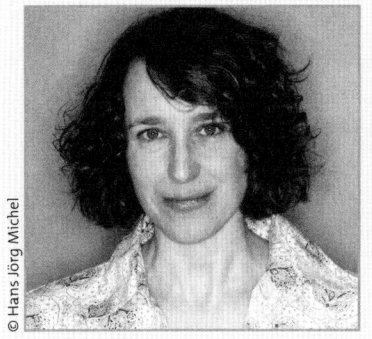

© Hans Jörg Michel

Ina Karr, Jahrgang 1968, ist Chefdramaturgin der Oper am Mainzer Staatstheater. Mit ihrem Mann, der auch in leitender Stelle am Theater arbeitet, und den gemeinsamen Söhnen lebt Ina Karr in Mainz.

Gegebenes einfach hinzunehmen, das ist nicht Ina Karrs Ding. Sie lotet beruflich wie privat gern aus, was alles möglich ist.

## Ina Karr: »Man kann vieles steuern, was auf den ersten Blick als nicht veränderbar erscheint.«

Gianlucca Falaschi ist 2015 als Kostümbildner des Jahres ausgezeichnet worden. Für die Kostüme der Oper Perelà. Die wurde in Deutschland am Mainzer Staatstheater uraufgeführt. Eines der Kleider, das aufwendigste und schönste, ist reich bestickt von oben bis hin zur langen Schleppe. So sieht es zumindest aus. In Wirklichkeit ist der Stoff nur bemalt. Solche Geheimisse verrät Ina Karr einer Runde von Frauen, denen sie über ihren Beruf erzählt. Ina Karr ist Chefdramaturgin der Oper am Staatstheater Mainz. Und sie hat die wundervolle Begabung, so zu erzählen, dass alle die Zeit vergessen. Sie selbst auch. Wenn man Ina Karr zuhört, ist jeder im Flow, in diesem berauschenden Zustand, wenn die Momente verfliegen, man aber den Eindruck hat, sie seien ewig.

Ina Karr weiß durch ihren Beruf, dass nicht immer alles so ist, wie es scheint. Vielleicht liegt es daran, dass sie Dinge nicht einfach so hinnimmt. Sondern hinterfragt, ob es nicht doch anders sein könnte. Ob es nicht doch veränderbar sein könnte.

## »Gibt es Koordinaten für ein Gefühl der Lebensfreude?«

An dem Abend, an dem ich sie kennenlerne und sie mit so viel Freude, aber auch Tiefe über ihren Beruf spricht, frage ich sie spontan, ob sie Teil dieses Buches sein möchte. Denn sie hat alle Frauen im Raum fasziniert. Ihre überraschende Antwort: Sie wisse gar nicht, ob sie wirklich so lebensfreudig sei. Später schreibt sie mir: »Freude bereitet das, was nicht selbstverständlich, nicht alltäglich ist. Gefühle werden doch nur dann bewusst ›erlebt‹, wenn sie sehr bewegt sind oder in die eine oder andere Richtung ausschlagen. Deshalb könnte zumindest ich nicht mit einem permanenten Grinsen durch die Welt laufen. Bin ich deshalb kein lebensfroher Mensch? Gibt es Koordinaten für ein Gefühl der Lebensfreude? Das sind Fragen, die mich zögern lassen, mich zu diesem Thema zu äußern. Warum ich es trotzdem tue, liegt einerseits daran, dass ich stets allem auf den Grund gehen will. Und andererseits, weil mir beim Tauchen danach in den Sinn kommt, dass vielleicht nicht die Antwort, ob ich mich als lebensfroh bezeichne, entscheidend ist, sondern die Überlegung, wie ich Lebensfreude für mich definiere.«

> Freude bereitet das, was nicht selbstverständlich, nicht alltäglich ist

## Neugier und Wissensdurst als Antreiber

Diese Antwort macht mich neugierig. Wie definiert ein Mensch wie Ina Karr, die so lebendig, so sprudelnd erzählen kann, die Menschen für sich gefangen nimmt, Lebensfreude? Was erfüllt sie mit Leben, was mit Freude? »Zwei meiner Energiespender oder auch positiven Antreiber sind Neugier und Wissensdurst. Spaß an Wissen, an neuen Erkenntnissen, die Begeisterung für künstlerisch Ungewohntes, für das Denken und besonders das kritische Denken sind starke Kräfte. Wenn mein Gedankenmotor läuft, fühle ich mich sehr wach und sehr zufrieden. Gedankenflut gibt – zumindest mir – Energie.«

Zwei meiner Energiespender oder auch positiven Antreiber sind Neugier und Wissensdurst

Das ist erstaunlich, denn gerade die Gedankenflut ist das, was viele Menschen unzufrieden macht. Weil sie es nicht schaffen, den Kopf ruhig zu stellen. Aber Ina Karr wäre nicht sie, wenn es da nicht ein »andererseits« gäbe. »Aber: Ich finde es zuweilen auch ziemlich anstrengend, den schnellen Takt meines eigenen Motors auszuhalten. Neben all der Analyse im ›luftleeren Raum‹ fehlt dann die Erdung, das sinnliche Erleben, das nicht nur im Theater, sondern auch im wirklichen Leben eine große Rolle spielt oder meiner Ansicht nach spielen sollte und das ich auch immer wieder an mich selbst zurückkoppeln muss. Wenn dieser Balanceakt gelingt, scheint alles leicht von der Hand zu laufen, und man fragt sich, woran man sich die ganze Zeit die Zähne ausgebissen hat. Allerdings ist diese Folgerung ein wenig geschummelt, denn oft braucht es genau diesen kurvenreichen Weg oder viele Wege, die erst einmal gegangen werden müssen.«

Also denken allein macht die gebürtige Stuttgarterin nicht glücklich, es muss auch eine sinnliche Komponente geben. Dann fließt es. »Um das bildlich zu formulieren: Ich muss ein Klavierstück technisch üben, mir Interpretationsmöglichkeiten überlegen und diese ausprobieren, viele verwerfen und mich irgendwann für eine Version entscheiden. Dann gibt es im besten Fall den Moment, in dem man nicht mehr nachdenkt, sondern sich dem Stück aussetzt und die Finger (scheinbar) machen lässt.« Dieses Prinzip kann Ina Karr auf vieles in ihrem Leben übertragen. Aufs Texteschreiben, Operninszenieren oder – etwas alltäglicher – aufs Skifahren. »Wenn man sich nach Kurventraining und zermürbenden Schlitterfahrten irgendwann in einem Rhythmus aus Schwerkraft und Bewegung befindet, den man dann als mühelos und schwingend empfindet.«


## Druck von allen Seiten gehört zum Alltag

Doch das Fließenlassen, das Loslassen fällt Ina Karr nicht leicht. Das liegt an ihrem Wesen, aber auch an ihrem Beruf. »Wenn man unsere Arbeit mit einem Wirtschaftsunternehmen vergleicht (wissend, dass dieser Vergleich glücklicherweise hinkt), entwickeln wir mit jeder Theaterproduktion einen ›Prototypen‹. Allerdings testen wir nicht 100 Inszenierungen hinsichtlich ihrer Effizienz und Erfolgsgarantie und fertigen dann aus dem gewinnversprechendsten Produkt Massenware, sondern gehen mit jeder neuen Inszenierung sogar das Risiko ein, auch einmal zu scheitern. Künstlerisches Wissen und Erfahrung sind deshalb in meinem Beruf ebenso wichtig wie der Mut zum Experiment. Dazu kommt, dass alle Premierentermine für eine Theatersaison feststehen. Theater ist ›Termingeschäft‹, und auch bei allen weiteren Vorstellungen muss der ›Lappen‹, so nennen wir lapidar den Bühnenvorhang, am Abend hochgehen.«

Der Alltag ist manchmal, nein, ehrlicherweise oft eine glatte Überforderung

Der Druck, der auf Theatermitarbeitern lastet, ist enorm. Zeit- und Kreativitätsdruck herrschen eigentlich immer. Privat ist das nicht anders. Vor allem, wenn man Kinder hat, Ina Karr hat zwei Jungs im Alter von 9 und 11 Jahren. »Die viel diskutierten Kitazeiten decken ja nur einen Teil des Alltags ab. Man spricht selten von dem Drumherum, den täglich eintreffenden Aufforderungen in der gelben Schulpostmappe, die Eltern zum Kauf von Deckweiß bis Häkelgarn ebenso verpflichten wie zur Teilnahme an Schulfesten, Elterngesprächen und Hausaufgabenkontrolle. Dazu kommt, dass nicht jedes Kind in der ›Spur läuft‹ und eventuell zusätzliche elterliche Lobbyarbeit erforderlich wird – also besonderes Engagement, Krisengespräche und Mediationstätigkeiten. Vom Kreativitätsdruck, sämtlichen Entwicklungsschüben seiner Kinder mit Fantasie und der entsprechenden Gelassenheit zu begegnen, nicht zu sprechen.« Das hört sich unterhaltsam an, wenn Ina Karr ihren Alltag beschreibt. Aber: »Es ist manchmal, nein, ehrlicherweise oft eine glatte Überforderung.«

## »Eine der schwierigsten Phasen war, als mein Sohn Neurodermitis bekam.«

Doch die Mutter von zwei Söhnen hat schon ganz andere Situationen gemeistert. Bei denen sie nicht nur an, sondern über ihre Grenzen gehen musste. »Eine der schwierigsten Phasen war für mich, als mein jüngerer Sohn im Alter von fünf Monaten Neurodermitis bekam, in einem Ausmaß, das meine Vorstellungen von dieser Krankheit völlig übertraf.« Neurodermitis ist eine chronische Krankheit und damit nicht heilbar. So die allgemeine Meinung von Schulmedizinern. Wenn man »Neurodermitis« googelt, bekommt man über zwei Millionen Treffer. Es gibt unzählige Ratgeber und Medikamente, die das Phänomen lindern sollen. Leider half dem Sohn von Ina Karr nichts. »Die Neurodermitis verschlimmerte sich so stark, dass unser Sohn vor lauter Schmerzen und Juckreiz kaum mehr seine Umwelt wahrnehmen konnte. Neben unzähligen Arztterminen kamen natürlich Begleiterscheinungen hinzu – Schlafmangel, Folgehautkrankheiten und ein eifersüchtiger Bruder. Ich selbst habe nicht einmal gemerkt, dass ich in der Zeit zehn Kilo abnahm. Alles drehte sich nur noch um die Krankheit, und unser Familiensystem geriet völlig aus den Fugen, weil man bei einem kranken Kind über seine Grenzen geht.«

*Das Familiensystem geriet völlig aus den Fugen, weil ich bei meinem kranken Kind über meine Grenzen ging*

Ina Karr hat in dieser Situation gemacht, was sie immer macht: Sie hat sich schlau gemacht, viel gelesen, mit Menschen gesprochen, Kügelchen und Cremes probiert. Nichts half. Sie formuliert es drastischer. Sie sei gescheitert – sagt sie. Doch aufgeben ist nicht ihr Ding. Deswegen verdoppelte sie die Anstrengungen. »Jeder hat in solch einer Situation eine ›Überlebensstrategie‹. Meine ist es, den Motor dann noch einen Gang höher zu schalten, die Hilflosigkeit durch Agieren auszutricksen und das eigene Gefühl auszuschalten, wenn ich eine Situation nicht ertragen kann. Für eine kurze Stressphase ist diese Methode manchmal nützlich, auf Dauer ist sie nicht auszuhalten, weil man schlichtweg nichts mehr spürt. Aber es hat mir in dieser Situation geholfen, durchzuhalten und weiter nach einem Ausweg zu suchen.« Den sie schließlich auch fand. Sie recherchierte eine Klinik, die Neurodermitis als psychosomatische Krankheit definiert und dementsprechend therapiert – ohne Medikamente und Cremes, sondern vor allem durch Verhaltensänderung. Das war ein Rettungsanker für die zweifache Mutter. Sie konnte handeln und musste nicht einfach nur geschehen lassen. Sie konnte Verantwortung übernehmen und musste nicht einfach nur zusehen. Das kommt ihrem Wesen entgegen.

## Der ganze Alltag der Familie wurde auf den Kopf gestellt

Ina Karr hätte den einfachen Weg gehen können. Mehrfach täglich Kortisonsalbe auf die entzündeten Stellen. Vielleicht wäre es irgendwann einmal besser geworden. Aber damit wollte sie sich nicht zufriedengeben. Sie wählte den schweren Weg. Eine Verhaltensänderung. Der ganze Alltag der Familie wurde auf den Kopf gestellt. »Eine der wichtigsten Maßnahmen war die Vermeidung von Stress, ein sehr geregelter Tagesablauf deshalb unerlässlich.« Wer weiß, wie ein Theateralltag aussieht, weiß, dass es so etwas wie »geregelt« nicht gibt. Und was noch hinzukam: Ein Theateralltag sieht ganz anders aus als ein normaler Alltag mit kleinen Kindern. Wenn die Kinder ins Bett müssen, laufen die Vorbereitungen für die Abendvorstellungen. Wenn mittags die Proben beendet sind und wichtige Entscheidungen getroffen werden müssen, schließen die Kitas. Doch Ina Karr und ihr Mann, der ebenfalls am Mainzer Staats-

Interessant, dass man vieles steuern kann, was auf den ersten Blick als nicht veränderbar erscheint

theater arbeitet, haben das Unmögliche möglich gemacht. »Wir haben es gemeinsam geschafft, den wild wuchernden Theatertag mit einem geregelten Tagesablauf zu Hause zu verbinden. Interessant, dass man vieles steuern kann, was auf den ersten Blick als nicht veränderbar erscheint. Allerdings kann der Weg zu Entscheidungen und Handlungen manchmal äußerst unangenehm sein. Weil man trotz aller analytischen Abwägungen nicht weiß, welche Tür die richtige ist, oder wenn das Bauchgefühl der Ratio entgegentritt und man zwischen ›Herz‹ und ›Hirn‹ wählen muss. Am Ende braucht man schlichtweg ausreichend Mut, sich zu entscheiden, da man mit Entscheidungen Position bezieht und sich angreifbar macht.«

Der Mut hat sich bezahlt gemacht. Ein Jahr später war der Kleine geheilt. »Heute besitzt er nicht nur eine gesunde Haut, sondern auch ein sehr stabiles Selbstbewusstsein. Diese Erfahrung hat mir mehr Lebensenergie und -freude gegeben, als sie Mühe gekostet hat.«

## »Lebensfreude bedeutet, in Bewegung zu bleiben.«

Dinge infrage zu stellen und den Mut zu haben, unpopuläre Schritte zu gehen – das ist Ina Karrs Weg für mehr Lebensfreude. Daneben sorgt autogenes Training für Freude. Manchmal schlampt sie dabei. Doch das spürt sie immer schnell. Und diszipliniert sich dann wieder. Weil sie weiß, dass ihr das Training guttut.

Wenn man das Leben führen kann, das einem entspricht, hat man Raum für Lebensfreude

Doch die Frage, ob Ina Karr ein lebensfroher Mensch ist, ist noch nicht beantwortet. Sie sagt dazu: »Im ›klassischen Sinne‹ sicher mal mehr, aber eher weniger. Wichtiger ist meiner Ansicht nach tatsächlich, sich im eigenen Leben Raum zu schaffen, um die Koordinaten des Daseins seiner eigenen Person anzupassen, zu versuchen, das Leben zu führen, das einem entspricht. Darin besteht für mich die Freude.« Wenn man das Leben führen kann, das einem entspricht, dann hat man in der Tat viel Raum für Lebensfreude. Wenn man nun annehmen kann, dass Ina

Karr genau so ein Leben führt, dürfte es um ihre Lebensfreude nicht schlecht gestellt sein.

Eingangs erwähnte sie, es sei eine Frage der Definition. Am Ende definiert sie Lebensfreude so: »Ich glaube, dass sich die Parameter für Lebensfreude ändern. Wenn meine Kinder einmal in dem Alter sind, wo Mahlzeiten nicht mehr zu einer – oft unterhaltsamen, aber in frühen Morgenstunden – zuweilen nervenaufreibenden Geduldsprobe werden, freue ich mich vielleicht über andere alltägliche (!) Dinge als das Frühstück im ICE-Restaurant, ganz alleine, vor mir nur eine dicke, lesenswerte Zeitung und viele ungesunde Weizenbrötchen. Lebensfreude ist für mich kein Zustand. Lebensfreude bedeutet, in Bewegung zu bleiben.«

## Das Wichtigste der Lebensfreuderegel 16:
## Du bist für dein Glück allein verantwortlich

♪ Haben Sie den Mut, Ihren eigenen Weg zu gehen. Christopher Columbus hatte ihn und entdeckte Amerika. Gehen Sie Ihren Weg und entdecken Sie Zufriedenheit und Leichtigkeit.

♪ Bleiben Sie in Bewegung. Gleichen Sie Ihre Vorstellungen von Zufriedenheit immer wieder ab. Stellen Sie sie auf den Prüfstand. Nicht alles, was Sie gestern glücklich gemacht hat, muss es morgen auch noch tun.

♪ Definieren Sie für sich Glück. Für die einen ist es Erfolg und viel Geld. Wenn Sie in einem Elternhaus groß geworden sind, das danach beurteilt hat, dann haben Sie diese Einstellung vermutlich übernommen. Aber vielleicht ist »Erfolg und viel Geld« nicht Ihre Glücksformel. Sondern »Muße und viel eigene Zeit«. Andersrum ist es natürlich auch möglich. Deswegen ist es wichtig, dass Sie Ihre eigene Definition finden.

# Lebensfreuderegel 17:
# Lass dich auf Händen tragen

Es ist die erste Übung des einwöchigen Seminars, und ich hasse sie. Alle Teilnehmer bilden einen Kreis, nacheinander muss jeder einmal in die Mitte. Dann spielt der Seminarleiter ein Lied ein, und derjenige, der in der Mitte steht, muss tanzen. Alle anderen machen die Bewegungen nach. Ich weiß nicht genau, wozu diese Übung gut ist. Ich weiß nur, dass ich nicht gerne vortanze. Zu unharmonisch, zu unrhythmisch sind meine Bewegungen. Aber ich mache sie – wenn auch widerwillig – mit.

Schon mehrfach habe ich Seminare zur Persönlichkeitsentfaltung von Dr. Klaus Biedermann auf Korfu besucht, und immer waren es beeindruckende Wochen. Irgendwie ist es, als könne man dort von Anfang bis Ende seine Seele in eine Steckdose stecken und auftanken. Diesmal finde ich zwar die erste Übung blöd, aber Klaus hat ein unglaubliches Gespür, welche Musik zu demjenigen in der Mitte des Kreises passt. Ich stehe also inmitten der Menschen, die ich zum großen Teil noch nicht kenne, abwartend, zögernd, gleich soll ich etwas vortanzen, ich stehe privat nicht gern so im Fokus, und dann kommen die ersten Takte der Musik. Hildegard Knef. »Für mich soll's rote Rosen regnen.« In der rockigen Version mit Extrabreit. Es ist genau der richtige Song zur richtigen Zeit. Und ich nehme mir beim Tanzen vor, dass es in Zukunft häufiger rote Rosen für mich regnen soll. Dafür sind Seminare zur Persönlichkeitsentfaltung schließlich da. Erkennen, was einem fehlt, und Missstände verändern. In diesem Moment weiß ich noch nicht, dass mich dieses Thema tatsächlich das ganze Seminar über begleiten wird.

## Nichts ist so schlecht, als dass nicht noch etwas Gutes dabei wäre

Wann ist Ihnen zuletzt etwas passiert, bei dem Sie dachten: »Warum gerade ich? Warum muss mir das jetzt passieren? Es war doch alles ganz anders geplant, und ich hätte es wirklich verdient?«

Mir erging es zuletzt bei diesem Seminar auf Korfu so. Ich hatte mich schon lange auf diese kleine Auszeit gefreut. Am Vormittag und am Abend finden die Seminarteile statt, am Nachmittag haben die Teilnehmer frei, können die Insel erkunden oder am Meer ihre Zeit verbringen. Die Atmosphäre ist offen und wertschätzend. Die Seminare finden in einem wunderschönen Raum im dritten Stock mit einem traumhaften freien Blick aufs Meer statt. Genau diese Lage – der dritte Stock, nur erreichbar über eine Außentreppe – wurde in diesen Tagen zu meiner persönlichen Lernerfahrung. Und ich stellte ein weiteres Mal in meinem Leben fest: Nichts ist so schlecht, als dass nicht noch etwas Gutes dabei wäre.

Um die Nachmittage vielfältiger gestalten zu können, hatte ich mir eine Vespa ausgeliehen. Dummerweise legte sich meine kleine griechische bockige Vespa bereits am zweiten Tag mit einem großen griechischen bockigen Bus an. Sie werden es nicht glauben, aber der Bus gewann, und ich hatte den linken Fuß in Gips. Was nun? Das Seminar abbrechen und nach Hause fliegen? Das kam für mich nicht infrage. Ich wollte weitermachen, auch wenn ich wusste, dass ich so manche Übung nicht oder nur teilweise mitmachen konnte. So weit, so gut. Aber da war diese Treppe, die ich mindestens zweimal am Tag rauf und runter musste. Jeweils neunundachtzig Stufen. Auf Krücken. Gleich beim ersten Mal bot mir Hagen, der Kocoach von Klaus, ein großer breitschultriger Mann, an, mich in den Seminarraum zu tragen. Was ich natürlich ablehnte. Ich stehe ganz gern mit den eigenen Beinen am Boden. Außerdem bin ich ungern eine Belastung für andere. Und in diesem Fall wäre ich buchstäblich eine BeLASTung gewesen. Also quälte ich mich selbst die Stufen hoch und motivierte mich selbst, indem ich mir sagte, wie gut dieses Training für meine Armmuskulatur sei. Dennoch kam ich oben schweißgebadet an. Beim zweiten Aufstieg an diesem Tag lehnte ich Hagens Angebot erneut ab, um es endlich beim dritten Mal anzunehmen. Es war ein komisches Gefühl, von einem ziemlich unbekannten Mann auf die Arme genommen zu werden. Sozusagen auf Händen getragen zu werden. Und das drei Stockwerke hoch. Ich versuchte, mich so leicht wie möglich zu machen, war aber vermutlich besonders schwer, weil ich so verkrampft war. Dennoch war es ein gutes Gefühl, ohne Anstrengung den Seminarraum zu erreichen. Das nächste Mal nahm ich Hagens Angebot wieder an, und ich fand es schon etwas angenehmer. Doch erst beim dritten Anlauf konnte ich es auf einmal genießen. Die kraftvollen Arme, die mich sicher hielten. Die Leichtigkeit, mit der ich trotz Gipsbein die Treppen hochkam. Den Ausblick aufs Meer von der Außentreppe.

In diesem Moment beschloss ich: Ich werde mich in Zukunft häufiger auf Händen tragen lassen. Wenn mir jemand seine Hilfe anbietet, werde ich nicht dankend ablehnen und mich alleine weiterplagen, um zu zeigen, dass ich groß, stark und selbstständig bin. Ich werde die Unterstützung annehmen und mich darüber freuen, dass es hilfsbereite Menschen gibt. Ich selbst biete meine Hilfe auch jederzeit an, wenn ich sehe, dass jemand Unterstützung gebrauchen könnte.

Hilfe anzunehmen, sich auf Händen tragen zu lassen, zuzulassen, dass es für einen rote Rosen regnet, ist ein wunderbares Gefühl. Ein Gefühl, das Sie kennenlernen sollten.

---

**ÜBUNG: Annehmen statt ablehnen**

### 1. Schritt

Versuchen Sie es auch einmal. Hören Sie als Erstes »Für mich soll's rote Rosen regnen« von Hildegard Knef und Extrabreit. Drehen Sie die Musik laut auf und tanzen Sie – wild und verrückt. Verinnerlichen Sie dieses herrliche Gefühl der Selbstliebe. Es geht nur um Sie. Für SIE soll es rote Rosen regnen. Sie dürfen Hilfe erwarten und auch einfordern. Sie müssen nicht immer stark und mutig sein. Nehmen Sie jede Hilfe an, die Sie kriegen können. Das ist kein Zeichen von Schwäche. Es ist ein Zeichen von Größe. Annehmen können ist oft schwerer als geben. Probieren Sie es aus.

Wie oft habe ich mich mit Taschen und Kindern krumm geschleppt. Doch ernst gemeinte, freundliche Hilfe lehnte ich ab. Ich schaffe es schon alleine. Diese Zeiten sind vorbei. Mittlerweile schaffe ich es sogar, Hilfe anzunehmen, selbst wenn es nicht wirklich ganz und gar notwendig gewesen wäre. Diese Hilfe anzunehmen sehe ich als Übung an. Zu lernen, anzunehmen. Auch mit dem Hintergedanken, dass ich immer mehr Hilfe annehmen werden muss, je älter ich werde. Je früher ich mich daran gewöhne, desto besser ist es.

Viele Menschen tun sich schwer, Hilfe anzunehmen oder einzufordern. Nach der Seminarwoche auf Korfu flog ich mit Gipsbein nach Hause. Direkt im Anschluss hatte ich meine Moderationswoche, sollte also täglich live moderieren. Was ich auch tat. Schließlich hatte ich es am Fuß und nicht am Mund. Was ich nicht bedachte: die langen Gänge im Südwestrundfunk zwischen meinem Büro und dem Fernsehstudio. Glücklicherweise habe ich tolle Kollegen, die für mich einen Rollstuhl organisierten und mich durch die Flure schoben. Leider hat der kürzeste Weg zum Studio einen Nachteil: Der Aufzug hält nicht in der gleichen Etage, man muss noch eine Treppe überwinden. So standen meine Kollegin und ich vor der Treppe und überlegten. Da kam ein Kollege daher, wir fragten um Hilfe. Er war etwas zurückhaltend, deswegen drückte meine Kollegin dem Mann kurzerhand unseren Papierkram in die Hand und schleppte den Rollstuhl eigenhändig die Treppe runter. Der Kollege schaute zu und ließ sie gewähren. Ich war sprachlos und sprach meine Kollegin später darauf an. Sie meinte ein wenig verbittert: »Ich bitte nicht um Hilfe, dann mach ich lieber alles allein.« Wie gut kannte ich diese Einstellung. Doch seit meinem Unfall muss ich auch feststellen: Es lebt sich leichter, wenn man Hilfe nicht nur annimmt, sondern auch einmal danach fragt.

### 2. Schritt

Das wäre ein zweiter Schritt für Sie: Wenn Sie sich daran gewöhnt haben, angebotene Hilfe anzunehmen, fragen Sie als Nächstes aktiv danach. Sie werden feststellen, dass viele Menschen gerne helfen. Es gibt natürlich immer welche, die nicht helfen. Das kann man einfach nur registrieren. Wenn man Ihnen nicht hilft, hat das nichts mit Ihrer Person zu tun.

## Lassen Sie sich auf Händen tragen und singen Sie unter der Dusche

Lernen, Hilfe anzunehmen, ist für mich auch wichtig, wenn ich an spätere Jahre denke. Ich habe mir fest vorgenommen, ein zufriedener alter Mensch zu werden. Dazu gehört für mich auch, zu akzeptieren, dass ich nicht mehr so kann, wie ich es gewohnt bin. Ich möchte später nicht hadern, dass mein Körper nicht mehr so einsetzbar ist wie in früheren Jahren. Ich möchte es später nicht als Schwäche ansehen, wenn ich Hilfe annehmen MUSS. Vor allen Dingen möchte ich später nicht allen beweisen müssen, dass ich durchaus alles noch alleine machen kann – und mich dabei völlig übernehmen.

Dem Sprichwort »Was Hänschen nicht lernt, lernt Hans nimmermehr« stimme ich nicht grundsätzlich zu. Aber im Bereich »Hilfe annehmen« ist es sicherlich sinnvoll, es früh gelernt zu haben – solange man es theoretisch selbst noch machen könnte.

Werden Sie sich darüber bewusst, dass Sie es wert sind, auf Händen getragen zu werden. Lassen Sie es zu und fordern Sie es gegebenenfalls ein, dass es rote Rosen für Sie regnet. Vielleicht nicht jeden Tag. Aber immer öfter. Erinnern Sie sich selbst daran, indem Sie das Lied von Hildegard Knef hören. Laut. Und tanzen Sie. Hemmungslos. Dann kommt die Lebensfreude von ganz alleine und Sie werden sich schon bald beim Singen unter der Dusche erwischen.

## Das Wichtigste der Lebensfreuderegel 17:
## Lass dich auf Händen tragen

♫ Werden Sie sich bewusst, dass Sie es wert sind, auf Händen getragen zu werden. Lassen Sie es zu, dass es rote Rosen für Sie regnet. Es ist eine Einstellungssache. Wenn Sie bislang nicht der Meinung sind, dass Sie es wert sind, dann ändern Sie Ihre Meinung. Sie sind der einzige Mensch, der das ändern kann.

♫ Lernen Sie, angebotene Hilfe anzunehmen. Es ist kein Zeichen von Schwäche, Hilfe anzunehmen. Sie erleichtern sich damit das Leben und sorgen aktiv für mehr Lebensfreude.

♫ Als weiterer Schritt können Sie aktiv Hilfe einfordern. Fragen Sie Kollegen, Familienmitglieder, Menschen auf der Straße, wenn Sie Unterstützung benötigen. Die meisten Menschen helfen gern. Holen Sie sich so viel Unterstützung wie möglich. Sie sind schließlich nicht auf der Welt, um stark zu sein, sondern um Ihr Leben zu genießen.

# Lust auf Lebensfreude!

Liebe Leserin, lieber Leser,

auf einer Skala von eins bis zehn: Wo stehen Sie jetzt, nach der Lektüre dieses Buches, mit Ihrer Lebensfreude? Eins bedeutet, Sie verspüren kaum Lebensfreude, zehn bedeutet, Sie singen jeden Tag unter der Dusche.

Wenn Sie zwischen eins und fünf stehen, dann arbeiten Sie weiter mit diesem Buch. Alle Übungen müssen regelmäßig über Wochen wiederholt werden, damit sie Wirkung zeigen. Die Eigenschaften, die die Lebensfreude im Laufe der Jahre vertrieben haben, waren schließlich auch nicht von heute auf morgen plötzlich da, sondern haben sich langsam entwickelt. Geben Sie sich eine Chance, indem Sie dranbleiben. Ich verspreche Ihnen, es wird sich vieles zum Positiven in Ihrem Leben verändern – meistens sogar ohne Kündigung und Scheidung. Sie müssen nicht einmal Ihre Kinder zur Adoption freigeben. Sie müssen nur regelmäßig üben. Denken Sie an das Zauberwort »Disziplin«!

Auf der nächsten Seite finden Sie alle Lebensfreuderegeln im Überblick zum Aufhängen. Vielleicht hängen Sie sie an den Badezimmerspiegel oder an den Kühlschrank. Es sollte ein Ort sein, den Sie oft im Blick haben, damit Sie häufig an die Regeln erinnert werden.

Wenn Sie auf der Skala zwischen sechs und acht stehen, hat die Lebensfreude schon an vielen Tagen Einzug bei Ihnen gehalten. Machen Sie weiter so und arbeiten Sie sich Schritt für Schritt voran. Es wird Rückschläge geben und Sie werden unmerklich in Ihre alten »grauen« Gewohnheiten zurückfallen. Lassen Sie sich davon nicht entmutigen.

Üben Sie wieder regelmäßig und lesen Sie die Geschichten der Menschen aus diesem Buch noch einmal. Die geben immer wieder Kraft und zeigen, dass man selbst aus dem dunkelsten Tal wieder rauskrabbeln kann.

Wenn Sie auf der Skala zwischen neun und zehn stehen: Herzlichen Glückwunsch! Sie wissen, wie Sie sich selbst glücklich machen. Und nicht nur das: Mit der Lebensfreude, die Sie ausstrahlen, können Sie auch andere glücklich machen.

Auf Ihrem Weg zur »Zehn« wünsche ich Ihnen gute Einsichten, Durchhaltevermögen und Mut, damit Sie die notwendigen Schritte gehen können.

# Lebensfreuderegeln im Überblick

**1. Nichts passiert ohne Grund**
Wenn dir scheinbar Schlimmes widerfährt, denke daran: Nichts ist so schlecht, als dass nicht auch etwas Gutes dabei sein wird. Frage dich: Wozu ist das gut? Was soll ich daraus lernen?

**2. Reflektiere dich selbst**
Überprüfe dich regelmäßig, wo du stehst und wo hinwillst. Bist du der Mensch, der du sein willst? Welche Schritte musst du gehen, um an dein persönliches Ziel zu gelangen?

**3. Kreiere deine eigenen Wunder**
Lebst du so, wie du leben möchtest? Wenn nicht, was musst du dafür tun?

**4. Nimm an, was du nicht ändern kannst**
Suche das Positive in den Dingen, die du nicht ändern kannst.

**5. Nimm dir das größte Stück vom Glück**
Glück ist unendlich und du darfst dir davon so viel nehmen, wie du willst.

**6. Feiere deine Erfolge**
Lobe dich selbst und sei stolz auf dich für alles, was du in deinen Augen gut gemacht hast.

**7. Think bunt**
Verbanne die grauen Gedanken aus deinem Kopf und lass stattdessen kunterbunte Gedanken einziehen.

**8. Entwirf einen Plan für dein Leben**
Pläne sind wie Leitplanken, die dich in schwierigen Zeiten in der Spur halten.

**9. Du bist der wichtigste Mensch in deinem Leben**
Sorge gut für dich selbst. Sonst kannst du nicht gut für andere sorgen.

10. **Sei dir selbst eine gute Fee**
    Erfülle dir deine Wünsche und warte nicht darauf, dass es andere tun.

11. **Lerne dich selbst (besser) kennen**
    Wenn du weißt, wie du tickst, kannst du mehr tun, um deine Lebensfreude zu erhalten.

12. **Sei diszipliniert, wenn es um deine Lebensfreude geht**
    Nimm deine persönlichen Bedürfnisse genauso wichtig wie die Belange im Job oder die Erwartungen deiner Familie und Freunde.

13. **Werde immer mehr der Mensch, der du bist**
    Erinnere dich, wie du als Kind warst. Welchen Eigenschaften aus dieser Zeit möchtest du (wieder) Raum geben?

14. **Lebe im Hier und Jetzt**
    Erlebe jeden Moment deines Lebens mit allen Sinnen und sei mit vollem Bewusstsein bei dem, was du tust.

15. **Sei dir deiner Wahlmöglichkeiten bewusst**
    Werde kreativ bei der Suche nach Lösungen. Es gibt immer mehr als zwei Lösungen.

16. **Du bist für dein Glück allein verantwortlich**
    Wenn du nicht glücklich bist, mache niemanden dafür verantwortlich. Du allein hast die Verantwortung, dich glücklich zu machen.

17. **Lass dich auf Händen tragen**
    Sei dir bewusst, dass du es wert bist, auf Händen getragen zu werden. Nimm Hilfe an und fordere sie auch ein.

# Bewährte Lieblingsduschsongs (getestet und für gut befunden)

1. »Für mich soll's rote Rosen regnen« von Hildegard Knef und Extrabreit
2. »An Tagen wie diesen« von den Toten Hosen
3. »I'm singing in the rain« von Gene Kelly
4. »It's raining men« von The Weather Girls
5. »Chöre« von Marc Forster
6. »Morning has broken« von Cat Stevens
7. »Qué será, será« von Doris Day
8. »I say a little prayer« von Aretha Franklin
9. »Über den Wolken« von Reinhard Mey
10. »Herz über Kopf« von Joris
11. »Sommerregen« von den Fantastischen Vier
12. »Wann wird's mal wieder richtig Sommer« von Rudi Carrell
13. »L.O.V.E.« von Nat King Cole
14. »99 Luftballons« von Nena
15. »Last Christmas« von Wham (abhängig von der Jahreszeit)
16. »What a wonderful world« von Louis Armstrong
17. »That's amore« von Dean Martin

# Dankbarkeit macht was mit der Seele

**Meinen herzlichen Dank ...**

... an Malu Dreyer, Antje Duwe, Anja Gockel, Ina Karr, Julia Klöckner, Elisabeth Kolz, Eveline Lemke, Michael Rossié und Simone Schelberg für die tiefen Einblicke in ihr Leben, die sie mir gewährt haben. Ich weiß, dass es für einige Überwindung gekostet hat, ihre Geschichte öffentlich zu machen, aber ich weiß auch, dass man vielen anderen damit sehr viel Mut machen kann, nicht aufzugeben bei der Suche nach Lebensfreude und Glück.

... an alle, die mir ihre Sorgen und geheimen Gedanken anvertraut haben. Ohne sie wäre dieses Buch nicht möglich gewesen.

... an Prof. Dr. Jörg Kühnapfel für die wissenschaftliche Betrachtung von Glück.

... an Ute Flockenhaus. Ihre ersten Impulse zum Buch haben mich beim Schreiben auf die richtige Bahn gelenkt.

... an Sandra Krebs vom GABAL-Verlag und an meine Lektorin Anja Hilgarth. Angenehmer kann eine Zusammenarbeit nicht verlaufen.

... für die Seminare, die ich bei Dr. Klaus Biedermann auf Korfu (www.ascoach.de) erleben durfte.

... dass ich Hans-Uwe L. Köhler kennenlernen durfte, für den Workshop und das Buch »Hau eine Delle ins Universum«.

... an Cemal Osmanovic für das Schokoladeneis und die richtigen Fragen zur richtigen Zeit.

... an die German Speaker Association und das wundervolle Mentee-Programm.

… an »meinen« Mentor Thomas Göller.
… an meine Mentee-und-Mastermind-Gruppe.
… für die CD »Schlaf wieder gut« von Marc A. Pletzer.
… an meinen Mann Michael, der mich in all den Jahrzehnten immer unterstützt hat – auch bei der manchmal beschwerlichen Suche nach Lebensfreude.
… an meine Kinder Thalia und Lorenz, die mir ein stetiger Quell für Lebensfreude sind.
… an meine Schwestern Simone und Iris, mit denen ich schon so viel Lebensfreude, aber auch einige Lebenskrisen teilen durfte. Vor allem aber an meine kleine Schwester Adrienne, die trotz allem immer besonders viel Lebensfreude ausstrahlte.
… an meine Freundinnen Sandra, Anke und Bettina. Und an Sebastian. Was wäre ich ohne Euch?
… an Marlene, mit der ich beim Laufen mein Leben sortieren darf.


## Weitere Literaturtipps

Karen Christine Angermayer: »Rein ins Vergnügen«
Farhana Dhalla: »Thank you for leaving me«
Eckhard Tolle: »Jetzt«
Eva-Maria Zurhorst: »Liebe dich selbst und es ist egal, wen du heiratest.«

Weitere Anregungen für mehr Lebensfreude finden Sie in den Freutagsgedanken auf meinem Blog *(www.lebenswandlerin.de)*

# Die Autorin

Patricia Küll, M.A., arbeitet seit 1988 als Redakteurin und Moderatorin. In ihrer fast 30-jährigen Moderatorentätigkeit hat sie Tausende von Menschen kennengelernt und interviewt und ist ihnen dabei zum Teil sehr nahegekommen. So hat sich Patricia Küll eine sehr große Menschenkenntnis angeeignet, die ihr seit 2012 auch in ihrer Tätigkeit als diplomierte systemische Coach und Trainerin für Stress-Management zugutekommt.

Patricia Küll gibt als »LebensWandlerin« Seminare und hält Vorträge zu den Themen »Lebensfreude«, »Selbstführung«, »Motivation« und »Stress-Management«. Sie ist Mitglied der German Speaker Association (GSA) und hat einen Lehrauftrag an der Hochschule Koblenz im Fachbereich Sozialwissenschaften. Auf ihr Betreiben hin wird dort zum Thema »Zufriedenheit« geforscht. Die Ergebnisse fließen in ihre Arbeit mit ein.

*www.lebenswandlerin.de*

# Dein Business

Aktuelle Trends und innovative Antworten auf brennende Fragen in den Bereichen Business und Karriere.

**Carsten K. Rath**
**Ohne Freiheit ist Führung nur ein F-Wort**
ISBN
978-3-86936-749-1
€ 29,90 (D)
€ 30,80 (A)

**Martin Limbeck**
**Limbeck Laws**

ISBN
978-3-86936-721-7
€ 19,90 (D)
€ 20,50 (A)

Ingrid Gerstbach
**Design Thinking im Unternehmen**
ISBN 978-3-86936-726-2
€ 34,90 (D) / € 35,90 (A)

Stefan Merath
**Dein Wille geschehe**
ISBN 978-3-86936-751-4
€ 34,90 (D) / € 35,90 (A)

Roger Rankel
**Die Geheimnisse der Umsatzverdoppler**
ISBN 978-3-86936-748-4
€ 24,90 (D) / € 25,60 (A)
Nicht als E-Book erhältlich

Markus Väth
**Arbeit – die schönste Nebensache der Welt**
ISBN 978-3-86936-720-0
€ 29,90 (D) / € 30,80 (A)

Barbara Liebermeister
**Digital ist egal**
ISBN 978-3-86936-750-7
€ 24,90 (D) / € 25,60 (A)

Peter Ivanov
**Powerteams ohne Grenzen**
ISBN 978-3-86936-752-1
€ 29,90 (D) / € 30,80 (A)

**Alle Titel auch als E-Book erhältlich**

gabal-verlag.de

# WH!TEBOOKS

# Whitebooks

Kompetentes Basiswissen für Ihren
beruflichen und persönlichen Erfolg

Markus Cerenak
**Erfolgsfaktor
Bloggen**
ISBN
978-3-86936-729-3
€ 22,90 (D)
€ 23,60 (A)

Johannes Stärk
**Assessment-Center
erfolgreich
bestehen**
ISBN
978-3-86936-184-0
€ 29,90 (D)
€ 30,80 (A)

Jörg Baumhauer, Carsten Schmidt
**Kleinunternehmen führen und organisieren**
ISBN 978-3-86936-733-0
€ 29,90 (D) / € 30,80 (A)

Jochen Baier
**Körpersprache**
ISBN 978-3-86936-731-6
€ 19,90 (D) / € 20,50 (A)

Brian Tracy, Christina Stein
**Finde deine innere Balance**
ISBN 978-3-86936-762-0
€ 19,90 (D) / € 20,50 (A)

Hans-Jürgen Kratz
**Führungsrollen**
ISBN 978-3-86936-763-7
€ 29,90 (D) / € 30,80 (A)

Hartmut Laufer
**Motivierend delegieren,
kontrollieren, kritisieren**
ISBN 978-3-86936-764-4
€ 24,90 (D) / € 25,60 (A)

Monika A. Pohl
**Selbstbestimmung**
ISBN 978-3-86936-730-9
€ 19,90 (D) / € 20,50 (A)

**Alle Titel auch als E-Book erhältlich**

gabal-verlag.de